全国中等职业技术学校汽车类专业通用教材

# Qiche Dianqi Shebei Gouzao yu Weixiu
# 汽车电气设备构造与维修
## Xitiji ji XitijiJie
## 习题集及习题集解

（第二版）

张茂国　主编

人民交通出版社股份有限公司
China Communications Press Co.,Ltd.

## 内 容 提 要

本书是全国中等职业技术学校汽车类专业通用教材,根据《汽车电气设备构造与维修》内容编写而成。本书分习题集和习题集解两部分,与《汽车电气设备构造与维修》配套使用,主要内容包括:电工基础,电子技术基础,电源系,起动系,点火系,照明、信号、仪表与安全设备,汽车空调系统,汽车总线路,共计 8 个单元。

本书供中等职业学校汽车类专业教学使用,亦可供汽车维修相关专业人员学习参考。

**图书在版编目(CIP)数据**

汽车电气设备构造与维修习题集及习题集解 / 张茂国主编. —2 版. —北京:人民交通出版社股份有限公司, 2016.12

ISBN 978-7-114-13521-7

Ⅰ.①汽… Ⅱ.①张… Ⅲ.①汽车—电气设备—构造—中等专业学校—习题集②汽车—电气设备—车辆修理—中等专业学校—习题集 Ⅳ.①U472.41-44

中国版本图书馆 CIP 数据核字(2016)第 298065 号

**书　　名:汽车电气设备构造与维修习题集及习题集解**(第二版)
**著 作 者:**张茂国
**责任编辑:**闫东坡
**出版发行:**人民交通出版社股份有限公司
**地　　址:**(100011)北京市朝阳区安定门外外馆斜街 3 号
**网　　址:**http://www.ccpcl.com.cn
**销售电话:**(010)59757973
**总 经 销:**人民交通出版社股份有限公司发行部
**经　　销:**各地新华书店
**印　　刷:**北京虎彩文化传播有限公司
**开　　本:**787×1092　1/16
**印　　张:**10
**字　　数:**240 千
**版　　次:**2005 年 12 月　第 1 版
2017 年 1 月　第 2 版
**印　　次:**2023 年10月　第 2 版　第 4 次印刷　累计第 11 次印刷
**书　　号:**ISBN 978-7-114-13521-7
**定　　价:**23.00 元

# 第二版前言

FOREWORD

为适应社会经济发展和汽车运用与维修专业技能型紧缺人才培养的需要，交通职业教育教学指导委员会汽车(技工)专业指导委员会于2004年陆续组织编写了汽车维修、汽车电工、汽车检测等专业技工教材、高级技工教材及技师教材，受到广大中等职业学校师生的欢迎。

随着职业教育教学改革的不断深入，中等职业学校对课程结构、课程内容及教学模式提出了更高的要求。《教育部关于深化职业教育教学改革全面提高人才培养质量的若干意见》提出："对接最新职业标准、行业标准和岗位规范，紧贴岗位实际工作过程，调整课程结构，更新课程内容，深化多种模式的课程改革。"为此，人民交通出版社股份有限公司根据教育部文件精神，在整合已出版的技工教材、高级技工教材及技师教材的基础上，依据教育部颁布的《中等职业学校汽车运用与维修专业教学标准(试行)》，组织中等职业学校汽车专业教师再版修订了全国中等职业技术学校汽车类专业通用教材。

此次再版修订的教材总结了全国技工学校、高级技工学校及技师学院多年来的汽车专业教学经验，将职业岗位所需要的知识、技能和职业素养融入汽车专业教学中，体现了中等职业教育的特色。教材特点如下：

1."以服务发展为宗旨，以促进就业为导向"，加强文化基础教育，强化技术技能培养，符合汽车专业实用人才培养的需求；

2.教材修订符合中等职业学校学生的认知规律，注重知识的实际应用和对学生职业技能的训练，符合汽车类专业教学与培训的需要；

3.教材内容与汽车维修中级工、高级工及技师职业技能鉴定考核相吻合，便于学生毕业后适应岗位技能要求；

4.依据最新国家及行业标准，剔除第一版教材中陈旧过时的内容，教材修订量在20%以上，反映目前汽车的新知识、新技术、新工艺；

5.教材内容简洁，通俗易懂，图文并茂，易于培养学生的学习兴趣，提高学习效果。

《汽车电气设备构造与维修习题集及习题集解》与《汽车电气设备构造与维修》配套使用。教材分习题集和习题集解两部分,主要内容包括:电工基础,电子技术基础,电源系,起动系,点火系,照明、信号、仪表与安全设备,汽车空调系统,汽车总线路,共计8个单元。

本书由山东交通技师学院张茂国担任主编,山东交通技师学院多位专业教师参加了编写。编写分工为:李兴华编写单元一、单元二,张茂国编写单元三、单元八,杜国庆编写单元四,段德军编写单元五,郇延建编写单元六,徐春良编写单元七。

限于编者经历和水平,教材内容难以覆盖全国各地中等职业学校的实际情况,希望各学校在选用和推广本系列教材的同时,注重总结教学经验,及时提出修改意见和建议,以便再版修订时改正。

**编　者**

**2016年10月**

# 目　录

CONTENTS

## 习题集部分


单元一　电工基础 …… 2
课题一　电路的组成与基本定律 …… 2
课题二　电磁感应定律及应用 …… 3
课题三　正弦交流电路与照明电路 …… 5
课题四　变压器、直流电动机与安全用电 …… 6
单元考核试题 …… 8
单元二　电子技术基础 …… 11
课题一　PN 结、晶体二极管与晶体三极管 …… 11
课题二　整流电路、滤波电路与稳压电路 …… 13
课题三　放大电路与集成电路 …… 15
单元考核试题 …… 17
单元三　电源系 …… 20
课题一　蓄电池 …… 20
课题二　硅整流发电机的构造、拆卸、工作原理与特性 …… 23
课题三　电压调节器 …… 25
课题四　硅整流发电机的检修与试验 …… 26
课题五　电源系的线路连接 …… 29
单元考核试题 …… 32
单元四　起动系 …… 36
课题一　起动系概述 …… 36
课题二　起动机的构造、拆卸、工作原理与特性 …… 37
课题三　减速起动机与永磁起动机 …… 41
课题四　起动机的检修与试验 …… 42
课题五　起动机的使用、起动系电路连接及起动预热装置 …… 45
单元考核试题 …… 47
单元五　点火系 …… 51
课题一　传统点火系 …… 51
课题二　电子点火系 …… 54

课题三　微机控制点火系 …… 56
课题四　点火系的维护与故障诊断 …… 59
单元考核试题 …… 61
**单元六　照明、信号、仪表与安全设备** …… 65
课题一　照明装置 …… 65
课题二　信号装置 …… 69
课题三　汽车常见仪表及电子显示装置 …… 71
课题四　电动车窗、电动后视镜及电动座椅 …… 72
课题五　刮水器与洗涤装置 …… 73
课题六　中央门锁与防盗报警系统 …… 75
课题七　汽车音响、视频和导航装置 …… 76
单元考核试题 …… 78
**单元七　汽车空调系统** …… 82
课题一　汽车暖风装置 …… 82
课题二　汽车制冷系统的组成与工作原理 …… 83
课题三　汽车制冷系统主要部件 …… 84
课题四　汽车空调系统的控制电路 …… 86
课题五　汽车空调系统常见故障 …… 87
单元考核试题 …… 89
**单元八　汽车总线路** …… 91
课题一　汽车线路常用部件及选用 …… 91
课题二　典型汽车线路图的识读及全车线路 …… 91

## 习题集解部分

**单元一　电工基础** …… 94
**单元二　电子技术基础** …… 99
**单元三　电源系** …… 105
**单元四　起动系** …… 114
**单元五　点火系** …… 123
**单元六　照明、信号、仪表与安全设备** …… 133
**单元七　汽车空调系统** …… 143
**单元八　汽车总线路** …… 152

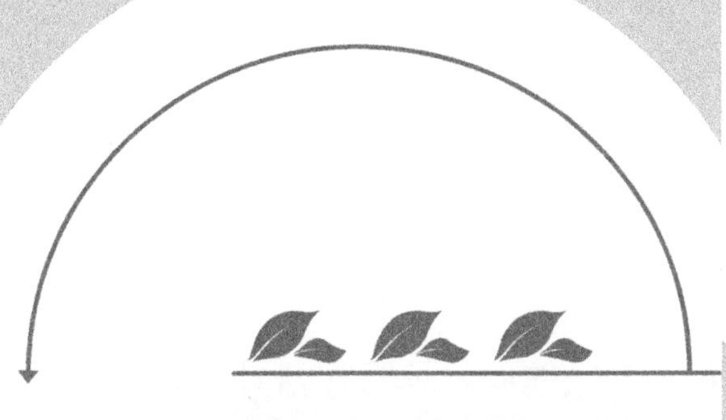

# 习题集部分

# 单元一
# 电工基础

## 课题一　电路的组成与基本定律

### 一、填空题

1. 完整的电路由＿＿＿＿＿、＿＿＿＿＿和＿＿＿＿＿三部分组成。

2. 电路通常有＿＿＿＿＿、＿＿＿＿＿、＿＿＿＿＿ 3 种状态。

3. 全电路中的电流强度与＿＿＿＿＿成正比，与＿＿＿＿＿成反比，这个规律称作全电路欧姆定律。

### 二、选择题（请将正确答案的序号填写在括号中）

1. 电路任意两点的电位差称为（　　）。

A. 电动势　　B. 电位　　C. 电压

2. 电路中工作电压相同的设备都是（　　）连接的。

A. 串联　　B. 并联　　C. 混联

### 三、判断题（对下列说法，正确的在后面的括号中划“√”，错误的划“×”）

1. 习惯上规定电子移动的方向为电流方向。（　　）

2. 电源电动势大小不仅与电源本身特性有关，还与外电路有关。（　　）

3. 电源电动势等于端电压和内压降之和。（　　）

4. 在串联电路中，阻值越大的电阻，其两端分得的电压越大。（　　）

5. 用支路电流法求解电路时，若电路有 $n$ 个节点，最多只能列 $(n-1)$ 个独立的节点电流方程。（　　）

### 四、简答题

1. 简述基尔霍夫定律内容。

2. 如习题图 1-1 所示，已知 $E_1=18\text{V}$，$E_2=9\text{V}$，$R_1=1\Omega$，$R_2=1\Omega$，$I_1=6\text{A}$，$I_3=3\text{A}$。用支路电流法求 $I_2$、$R_3$。

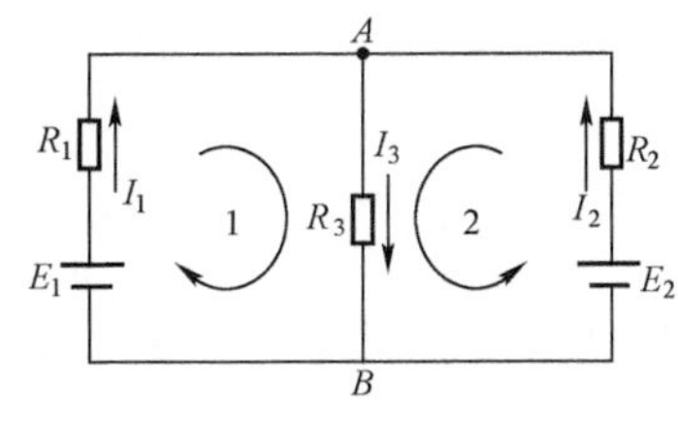


习题图 1-1

## 五、看图答题

1. 请在习题图 1-2 所示的照明电路右侧框中画出它的电路图。

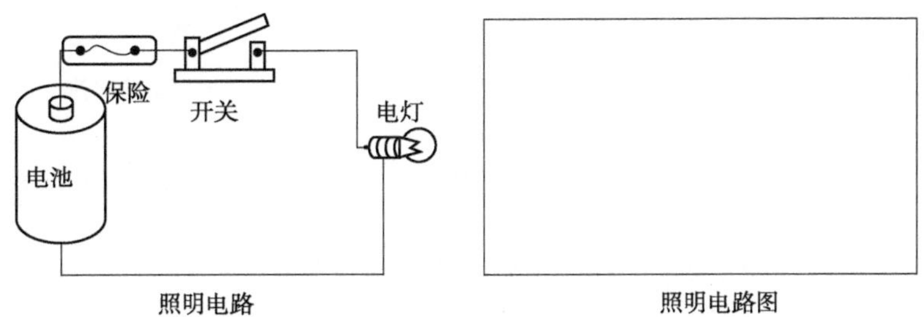


习题图 1-2

2. 请根据习题图 1-3 所示导体中电子移动方向标出其电流方向。

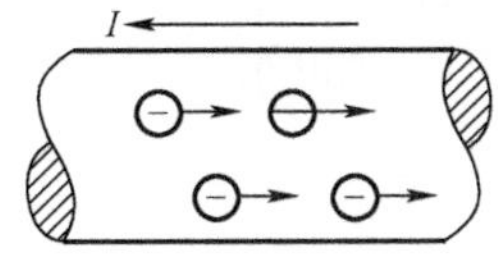


习题图 1-3

3. 习题图 1-4 给出的三个电阻是怎样的连接关系？

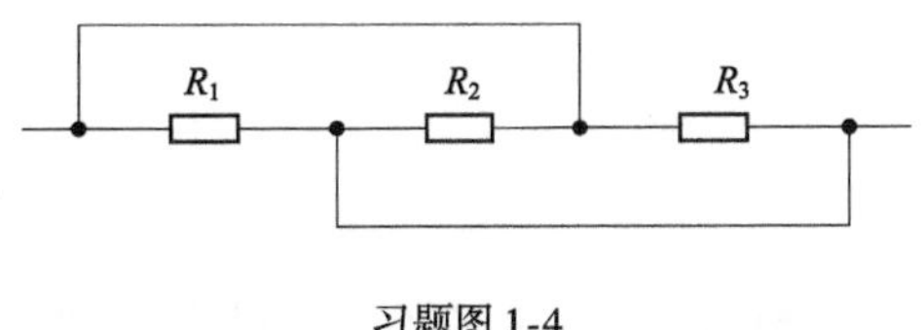


习题图 1-4

# 课题二　电磁感应定律及应用

## 一、填空题

1. 磁极间相互作用的规律是：同性磁极__________，异性磁极__________。

2. 当导体在磁场中做__________运动或通过线圈的__________发生变化时，导体或线圈中就会产生__________，若导体或线圈是闭合的，就会产生__________。

3. 电磁铁由__________、__________和__________三部分组成。

## 二、选择题(请将正确答案的序号填写在括号中)

1. 在条形磁铁中,磁性最强的部分是(　　)。

A. 两极上　　B 中间　　C. 不确定。

2. 通电导体在磁场中所受的安培力最大时,它与磁力线之间的夹角(　　)度。

A. 0　　B. 60　　C. 90

3. 法拉第电磁感应定律指出:线圈中的感应电动势大小(　　)。

A. 与线圈中的磁通量成正比

B. 与线圈中的磁通量变化量成正比

C. 与线圈中的磁通量变化率成正比

4. 磁感应强度的单位是(　　)。

A. T 特斯拉　　B. WB 韦伯　　C. H 安/米

5. 通电直导体产生磁场方向判断用(　　)。

A. 右手定则　　B. 左手定则　　C. 右手螺旋定则

## 三、判断题(对下列说法,正确的在后面的括号中划"√",错误的划"×")

1. 磁极的 N 极和 S 极总是成对出现的,不能单独出现。(　　)

2. 磁场的方向总是 N 极指向 S 极。(　　)

3. 感应电流方向总是和感应电动势方向相反。(　　)

4. 自感电动势总是起阻碍外电流变化的作用。(　　)

## 四、简答题

简述法拉第电磁感应定律的内容。

## 五、看图答题

1. 如习题图 1-5 所示,导体 *AB* 在金属线 *CDEF* 上可滑动,它们处在磁场中,("×"表示磁力线垂直穿入纸面),导体 *AB* 以速度 *V* 运动。请判断导体 *AB* 产生的感应电流 *I* 以及所受安培力 *F* 的方向。

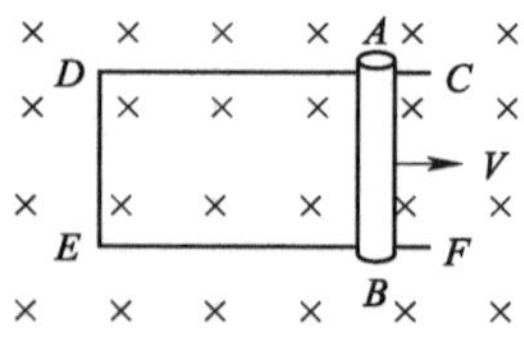


习题图 1-5

2. 试判断习题图 1-6 所示的通电线圈所产生磁场的极性或根据已标明的磁极极性判断线圈通电电流的方向。

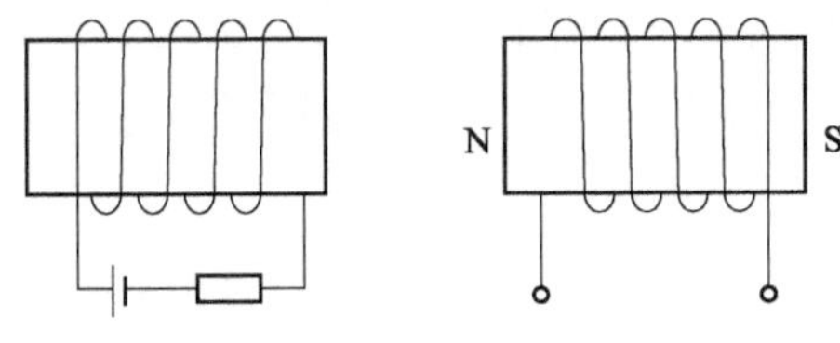


习题图 1-6

3. 在习题图 1-7 中，已知磁场中载流导体的电流方向(a)图中的○表示载流导体的横断面，○内的黑点其表示其电流的方向是垂直纸面穿出)，试标出载流导体的受力方向。

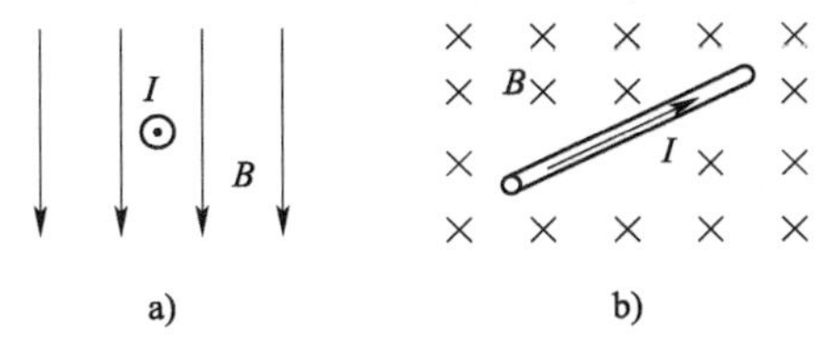


习题图 1-7

# 课题三　正弦交流电路与照明电路

## 一、填空题

1. 交流电是指__________都随着时间做周期变化的电动势(或电压、电流)。

2. 正弦量的三要素是指__________、__________和__________。

3. 三相交流电动势到达__________的先后次序叫相序，习惯上用黄、绿、红三种颜色分别表示__________、__________、__________三相。

## 二、选择题(请将正确答案的序号填写在括号中)

1. 正弦交流电的最大值等于有效值的(　　)倍。

A. 1　　B $\sqrt{2}$　　C. $\sqrt{3}$

2. 星形连接的三相对称电源，线电压在数值上是相电压的(　　)倍。

A. 2　　B. 3　　C. $\sqrt{3}$

## 三、判断题(对下列说法，正确的在后面的括号中划"√"，错误的划"×")

1. 通常所说的 220V 交流电是指其电压有效值。(　　)

2. 三相负载做星型连接时，无论负载对称与否，各负载的线电压等于相电压。(　　)

3. 在三相四线制供电系统中，线电压的有效值等于相电压的$\sqrt{3}$倍。(　　)

## 四、简答题

1. 什么是交流电的有效值？

2. 已知某电路电流的瞬时值表达式为 $i = 20\sqrt{2}\sin(100\pi t + 30°)A$，问：(1)该电流的最大值、有效值各是多少？(2)周期、频率、角频率各为多少？(3)初相角是多少？

## 五、看图答题

1. 将习题图 1-8 中的电流的类型和相应的波形连接起来。

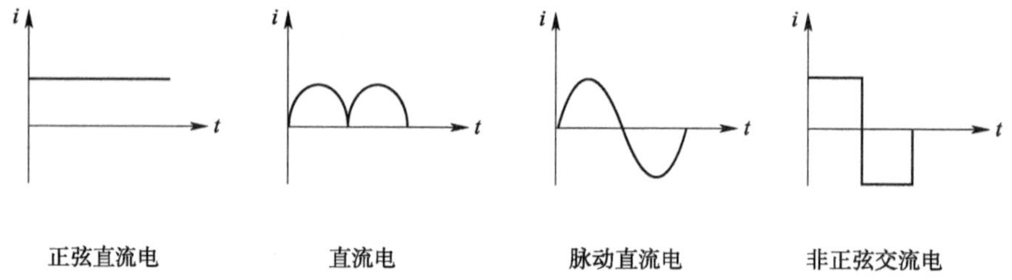


习题图 1-8

2. 某同学家中一照明灯的电流波形如习题图 1-9 所示，请写出该电流的瞬时值表达式。

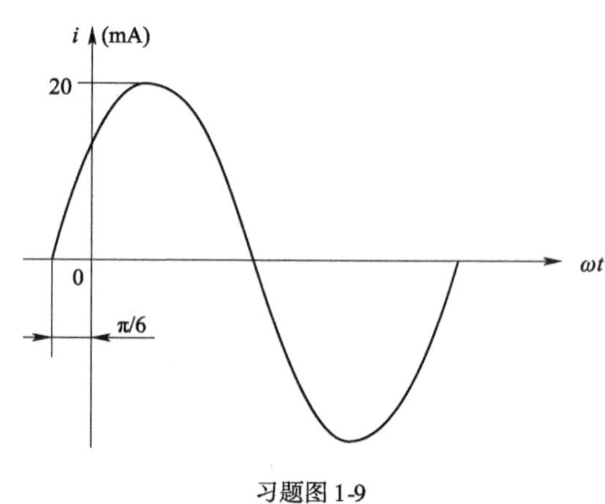


习题图 1-9

# 课题四　变压器、直流电动机与安全用电

## 一、填空题

1. 直流电动机由__________和__________组成。
2. 常见的触电方式有__________和__________两种。

## 二、选择题(请将正确答案的序号填写在括号中)

1. 已知变压器初级电压 220V，次级电压 22V，初级的匝数 1100 匝，次级匝数为(　　)。
   A. 11　　B. 220　　C. 110

2. 日常规定安全电压为(　　)

A. 36V　　　　B. 220V　　　　C. 110V

## 三、判断题(对下列说法,正确的在后面的括号中划"√",错误的划"×")

1. 变压器是利用电磁感应现象制成的静止电气设备。　(　　)
2. 保护接地是将电气设备的金属外壳与供电系统中的零线可靠地连接。　(　　)

## 四、简答题

什么是保护接地和保护接零?

## 五、看图答题

将习题图 1-10 中触电的类型和相应的图形连接起来。

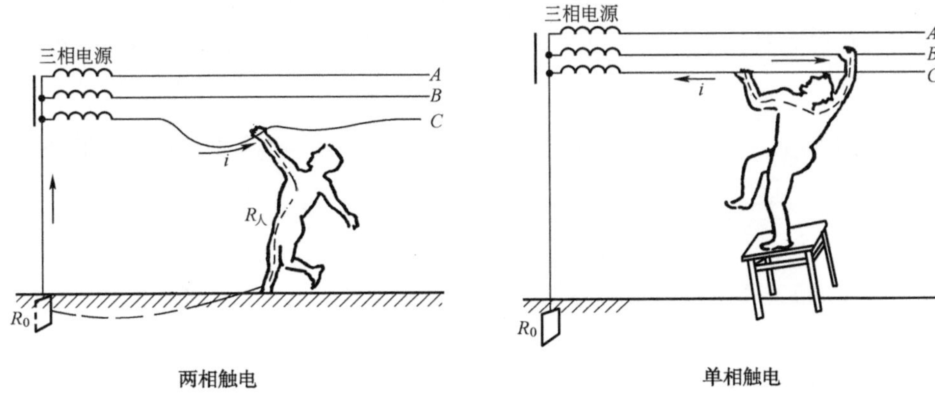


习题图 1-10

# 单元考核试题

班级__________ 姓名__________ 学号__________ 成绩__________

## 一、填空题(每空 1 分,共 24 分)

1. 完整的电路由__________、__________和__________三部分组成。

2. 触电可分为__________和__________两种。

3. 正弦量的三要素是指__________、__________和__________。

4. 导体在磁场中做__________运动或通过线圈的__________发生变化时,导体或线圈中就会产生__________,若导体或线圈是闭合的,就会产生__________。

5. 磁极间相互作用的规律是:同性磁极__________,异性磁极__________。

6. 全电路中的电流强度与__________成正比,与__________成反比,这个规律叫全电路欧姆定律。

7. 电路通常有__________、__________和__________三种工作状态。

8. 交流电是指__________都随着时间做周期变化的电动势(或电压、电流)。

9. 三相交流电动势到达__________的先后次序称作相序,习惯上用黄、绿、红三种颜色分别表示__________、__________、__________三相。

## 二、选择题(请将正确答案的序号填写在括号中。每题 2 分,共 20 分)

1. 通电线圈插入铁芯后,它的磁场将(　　)

A. 增强　　B. 减弱　　C. 不变

2. 星形连接的三相对称电源,线电压在数值上是相电压的(　　)倍。

A. 2　　B. 3　　C. $\sqrt{3}$

3. 电路中任意两点的电位之差称为(　　)。

A. 电动势　　B. 电位　　C. 电压

4. 正弦交流电的最大值等于有效值的(　　)倍。

A. 1　　B. $\sqrt{2}$　　C. $\sqrt{3}$

5. 通电直导体产生磁场方向判断用(　　)。

A. 右手定则　　B. 左手定则　　C. 右手螺旋定则

6. 磁感应强度的单位是(　　)。

A. T 特斯拉　　B. WB 韦伯　　C. H 安/米

7. 电路中,工作电压相同的设备都是(　　)。

A. 串联　　B. 并联　　C. 混联

8. 线圈中产生的自感电动势总是(　　)。

A. 与线圈中的外电流方向相反

B. 与线圈中的外电流方向相同

C. 阻碍线圈中外电流的变化

9. 在条形磁铁中,磁性最强的部位是(　　)。

A. 两磁极上　　B. 不能确定　　C. 中间

10. 通常规定安全电压为(　　)。

A. 220V　　B. 110V　　C. 36V

## 三、判断题(对下列说法,正确的在后面的括号中划"√",错误的划"×"。每题1分,共10分)

1. 电源电动势大小不仅与电源本身特性有关,而且还与外电路有关。(　　)
2. 电池的串联使用,能提供更大的输出电流。(　　)
3. 在串联电路中,阻值越大的电阻,其两端分得的电压越大。(　　)
4. 通常所说的交流电220V,是指其有效值。(　　)
5. 36V以下的电压称为安全电压。(　　)
6. 三相四线制供电系统中,线电压的有效值等于相电压的$\sqrt{3}$倍。(　　)
7. 磁体的N极和S极总是成对出现,不能单独出现。(　　)
8. 参考点选择不同,各点电位也不相同。(　　)
9. 保护接地是将电气设备的金属外壳与供电系统中的零线可靠地连接。(　　)
10. 电压也叫电位差,与参考点的选择有关。(　　)

## 四、简答题(共31分)

1. 简述基尔霍夫定律内容。(5分)

2. 简述法拉第电磁感应定律的内容。(5分)

3. 如习题图1-11所示,在$B=0.05\text{T}$的均匀磁场中,有一金属棒$AB$长为1m,在金属线$CD$、$EF$上滑动,$v=4\text{m/s}$。试求回路中的感应电动势。若回路中的电阻$R=0.2\Omega$,且恒定不变,求感应电流的大小和方向。此时金属棒受多大的电磁力?其方向如何?(10分)

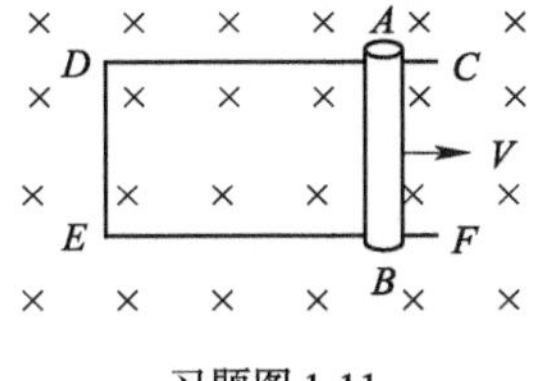


习题图1-11

4. 已知某电路电流的瞬时值表达式为$i=20\sqrt{2}\sin(100\pi t+30°)A$,问:(1)该电流的最大值、有效值各是多少?(2)周期、频率、角频率各为多少?(3)初相角是多少?(11分)

## 五、看图答题(每小题 5 分,共 15 分)

1. 试判断习题图 1-12 中通电线圈产生的磁场的极性或根据已标明的磁极极性判断线圈中的电流方向。

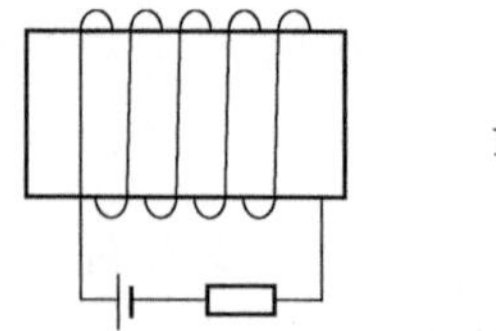

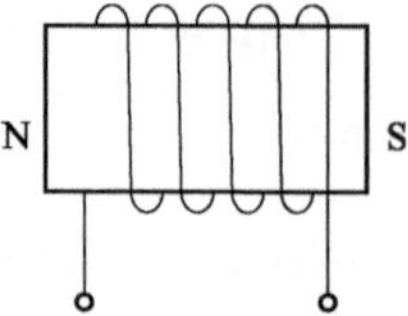


习题图 1-12

2. 在习题图 1-13 中,已知磁场中载流导体的电流方向(a 图中的○表示载流导体的横断面,○内的黑点其表示其电流的方向是垂直纸面穿出),试标出载流导体的受力方向。

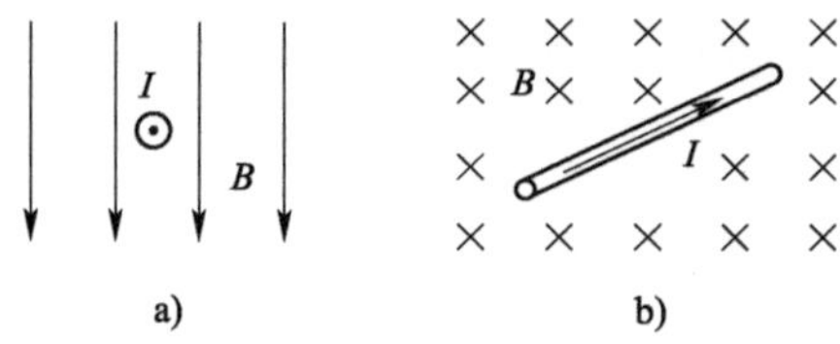


习题图 1-13

3. 将习题图 1-14 中触电的类型和相应的图形连接起来。

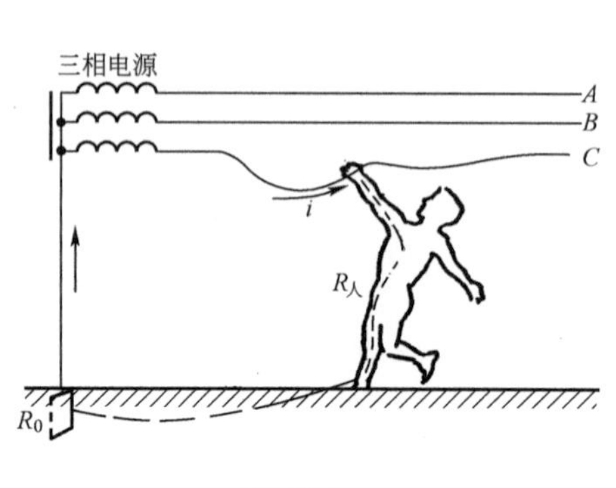


两相触电

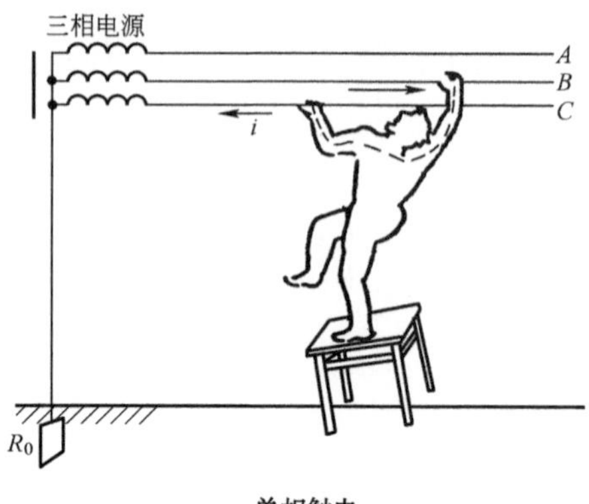


单相触电

习题图 1-14

# 单元二
# 电子技术基础

## 课题一　PN 结、晶体二极管与晶体三极管

### 一、填空题

1. 导电能力介于导体和绝缘体之间的一类物质称为__________。

2. 半导体中传导电流的载流子有__________和__________两种。

3. PN 结的基本特性是__________，即外加正向电压时，它__________，外加反向电压时，它__________。

4. 三极管内部包含三个区，分别是__________、__________和__________，并引出相应的三个电极称为__________、__________和__________，同时在三个区域的两交界面形成两个 PN 结，分别称__________和__________。

### 二、选择题（请将正确答案的序号填写在括号中）

1. 当加在二极管两端的正向电压从 0 逐渐增加时，二极管（　　）。

A. 立即导通　　B. 超过一定电压才开始导通　　C. 不导通

2. 三极管的（　　）作用是三极管最基本和最重要的特性。

A. 电流放大　　B. 电压放大　　C. 功率放大

3. 三极管工作在放大状态时，$I_b$ 与 $I_c$ 的关系（　　）。

A. $I_b = \beta I_c$　　B. $I_c = (1+\beta) I_b$　　C. $I_c = \beta I_b$

### 三、判断题（对下列说法，正确的在后面的括号中划"√"，错误的划"×"）

1. P 型半导体主要靠电子导电。（　　）

2. PN 结正偏时，电阻很小，呈导通状态。（　　）

3. 如果集电极的电流超过其集电极最大允许电流，就会损坏三极管。（　　）

### 四、简答题

1. 简述二极管的伏安特性。

2. 已知三极管处于放大状态，其 $I_b = 0.05mA$，$\beta = 120$，求 $I_c$ 和 $I_e$。

## 五、看图答题

1. 习题图 2-1 是硅二极管的伏安特性曲线，请用图解法求当二极管外加 0.8V 正向电压时的电流值。

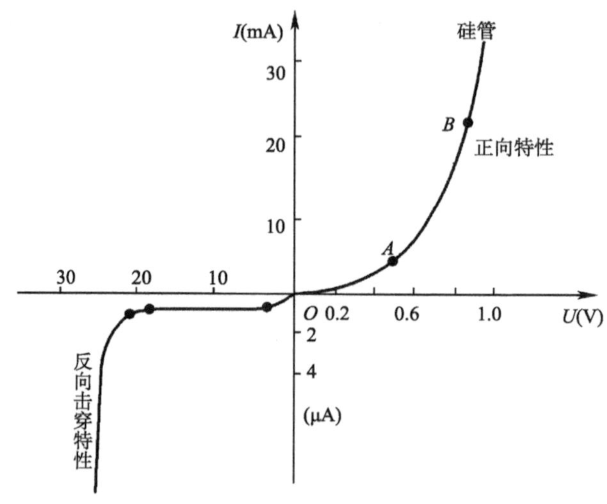


习题图 2-1

2. 三极管的结构示意图和符号如习题图 2-2 所示，请将所给名称与图上对应结构连接。

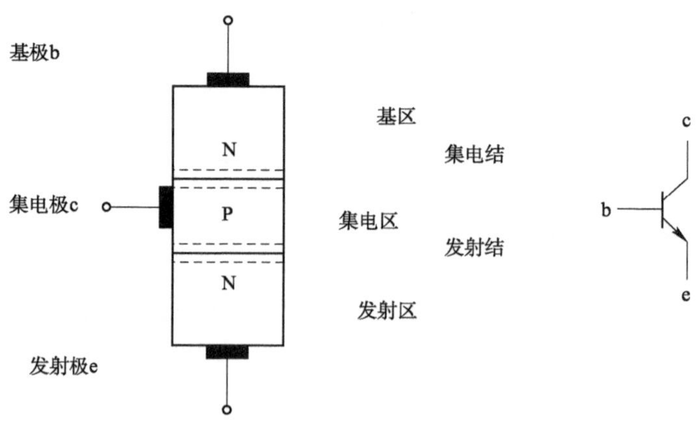


习题图 2-2

3. 习题图 2-3 所示的三极管处于放大工作状态，请标出电路各电流的方向。

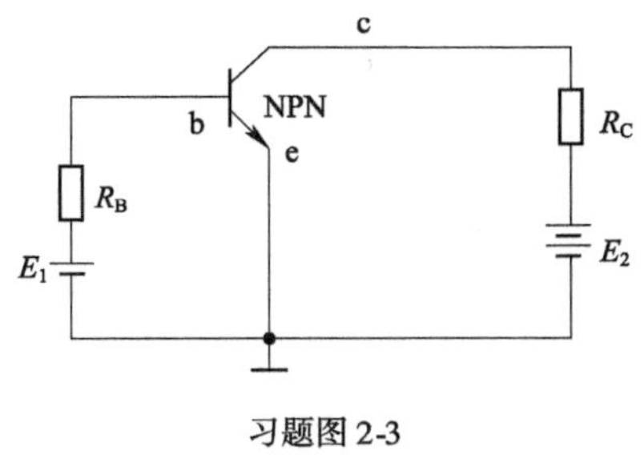


习题图 2-3

# 课题二　整流电路、滤波电路与稳压电路

## 一、填空题

1. 整流电路就是利用二极管的__________特性，把交流电变换成方向不变、大小变化的脉动__________。

2. 常见的滤波电路有__________、__________和__________滤波电路。

3. 稳压管是工作在__________状态。

4. 直流稳压电源由__________、__________、__________和__________组成。

## 二、选择题（请将正确答案的序号填写在括号中）

1. 单相桥式整流电路，变压器次级电压为 $U_2$，整流出的直流电压 $U_L$ =（　　）

A. 0　　B. 0.45$U_2$　　C. 0.9$U_2$

2. 要将交流电变成直流电，应该采用（　　）。

A. 整流　　B. 滤波　　C. 稳压

## 三、判断题（对下列说法，正确的在后面的括号中划"√"，错误的划"×"）

1. 半波整流电路具有变压器利用率高、平均直流电压高、脉动小等特点。（　　）

2. 滤波电路通常接在整流电路后面。（　　）

3. 使用硅稳压管时，它的正极应该接电源负极，负极接电源正极。（　　）

## 四、简答题

1. 简述稳压管的工作原理。

2. 如果要求输出的直流电压为 90V，试求在下列情况下变压器次级电压各为多少？

（1）单相半波整流；

（2）单相桥式整流。

## 五、看图答题

1. 习题图 2-4 是三相桥式整流电路及其原理图，请指出在 $t_6 \sim t_7$ 时间内哪些二极管是导通的。

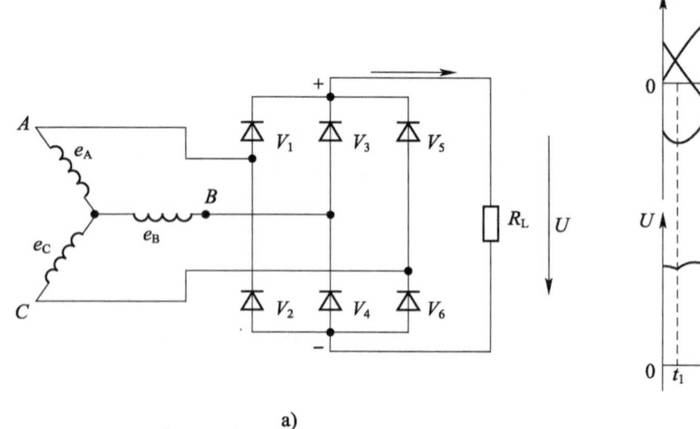


习题图 2-4

2. 习题图 2-5 左侧是电容滤波电路，请在右侧框内画出滤波电路输出波形。

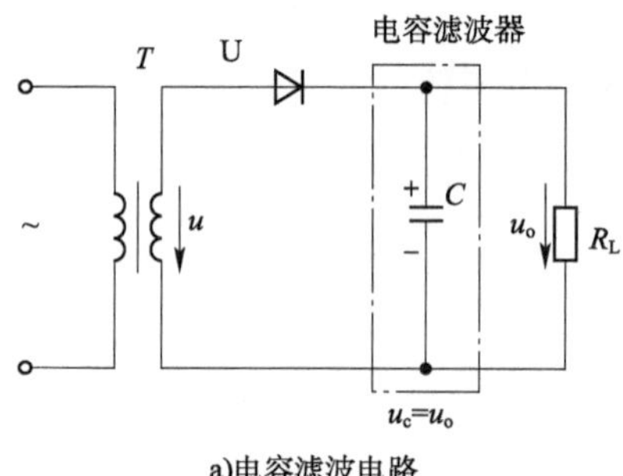


a)电容滤波电路　　b)电容滤波电路输出波形

习题图 2-5

3. 习题图 2-6 是稳压二极管的伏安特性曲线，请在曲线上圈出稳压管工作的区域。

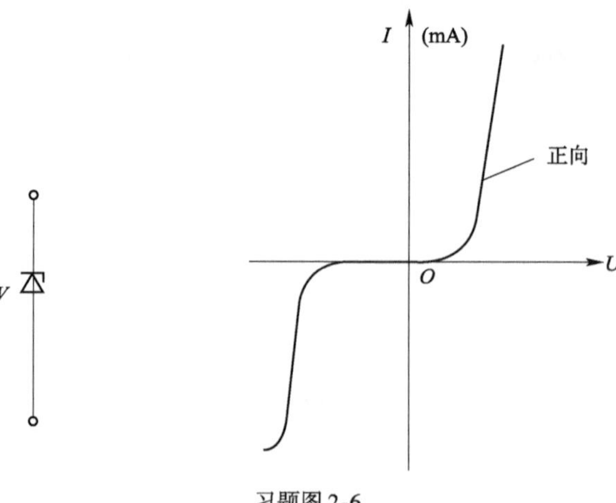


习题图 2-6

# 课题三　放大电路与集成电路

## 一、填空题

1. 放大电路是把微弱的电信号转变为__________的电路。

2. 放大电路没有加输入信号，电路所处的工作状态叫__________。

3. 在多级放大电路中，相邻两级放大电路之间的连接称为__________。常用的有__________、__________和__________三种。

4. 集成电路按照集成度不同可分为__________、__________、__________和__________集成电路。

## 二、选择题（请将正确答案的序号填写在括号中）

1. 放大电路中三极管处于放大状态时是(　　)正偏，(　　)反偏。

A. 发射极　集电极　　B. 发射结　集电结　　C. 集电结　发射结

2. 级间耦合的任务是(　　)。

A. 放大作用　　B. 连接作用　　C. 保证信号不失真传递

## 三、判断题（对下列说法，正确的在后面的括号中划"√"，错误的划"×"）

1. 放大电路设置静态工作点目的是为了使放大电路正常工作　　(　　)

2. 放大电路中，基极作为输入回路和输出回路的公共端时，叫作共射极放大电路(　　)

## 四、简答题

1. 简述集成电路的特点。

2. 习题图 2-7 是一晶体管放大电路，已知 $U_{CC}=12V$，$R_B=400k\Omega$，$R_C=3k\Omega$，$\beta=50$，试求该放大电路的静态工作点。

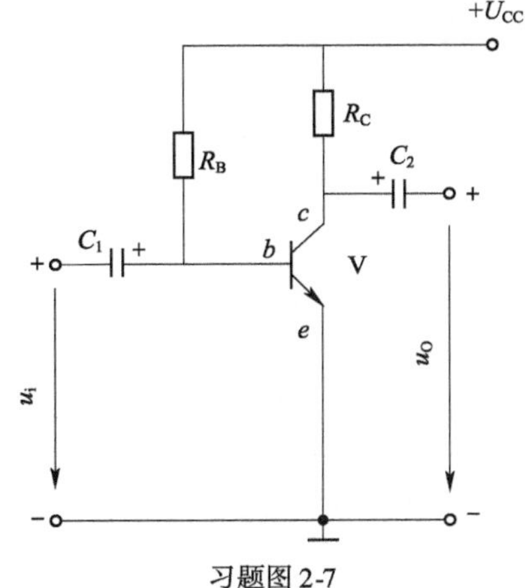


习题图 2-7

## 五、看图答题

1. 在习题图 2-8 中，a 图是共射极放大电路，b 图是其未画完整的交流通路，请将交流通路补画完整。

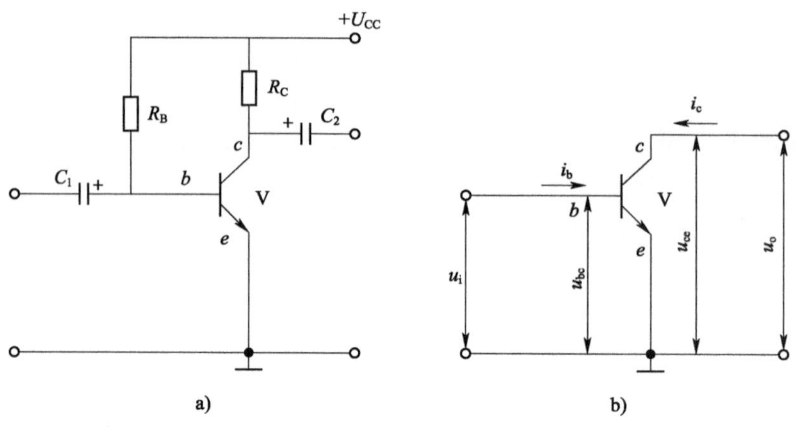


习题图 2-8

2. 习题图 2-9 是一个双级放大电路，请在图上标出其耦合原件及其相应支路。

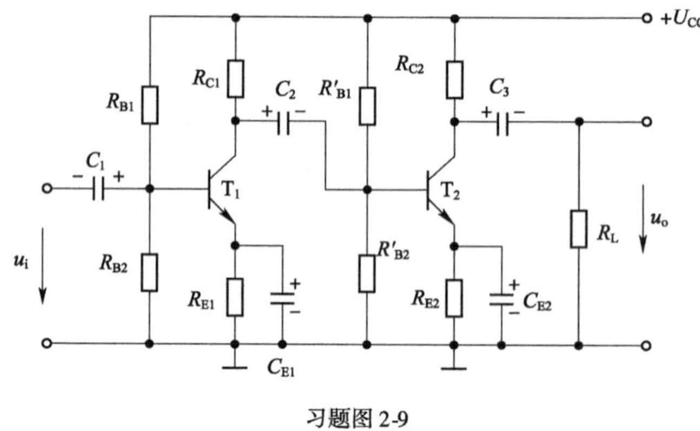


习题图 2-9

# 单元考核试题

班级__________ 姓名__________ 学号__________ 成绩__________

## 一、填空题(每空 1 分,共 28 分)

1. 导电能力介于导体和绝缘体之间的一类物质称为__________。

2. PN 结的基本特性是__________,即外加正向电压时,它__________,外加反向电压时,它__________。

3. 三极管内部包含三个区,分别是__________、__________和__________,并引出相应的三个电极称为__________、__________和__________,同时在三个区域的两交界面形成两个 PN 结,分别称__________和__________。

4. 整流电路就是利用二极管的__________特性,把交流电变换成方向不变、大小变化的脉动__________。

5. 常见的滤波电路有__________、__________和__________。

6. 稳压管是工作在__________状态。

7. 直流稳压电源由__________、__________、__________和__________组成。

8. 放大电路是把微弱的电信号转变为__________的电路。

9. 放大电路没有加输入信号,电路所处的工作状态叫__________。

10. 在多级放大电路中,相邻两级放大电路之间的连接称为__________。常用的有__________、__________和__________三种。

## 二、选择题(请将正确答案的序号填写在括号中。每题 2 分,共 10 分)

1. 当加在二极管两端的正向电压从 0 逐渐增加时,二极管(　　)

A. 立即导通

B. 超过一定电压才开始导通

C. 不导通

2. 三极管工作在放大状态时,$I_b$ 与 $I_c$ 的关系正确的是(　　)

A. $I_b = \beta I_c$　　B. $I_c = (1+\beta)I_b$　　C. $I_c = \beta I_b$

3. 单相桥式整流电路,变压器次级电压为 $U_2$,整流出的直流电压 $U_L =$(　　)

A. 0　　B. $0.45U_2$　　C. $0.9U_2$

4. 要将交流电变成直流电,应该采用(　　)

A. 整流　　B 滤波　　C. 稳压

5. 放大电路中三极管处于放大状态时是(　　)正偏,(　　)反偏。

A. 发射极　集电极　　B. 发射结　集电结　　C. 集电结　发射结。

## 三、判断题(对下列说法,正确的在后面的括号中划“√”,错误的划“×”。每题 2 分,共 20 分)

1. P 型半导体主要靠电子导电。　(　　)

2. PN 结正偏时，电阻很小，呈导通状态。（　　）

3. 如果集电极的电流超过其集电极最大允许电流，就会损坏三极管。（　　）

4. 半波整流电路具有变压器利用率高、平均直流电压高、脉动小等特点。（　　）

5. 滤波电路通常接在整流电路后面。（　　）

6. 使用硅稳压管时，它的正极应该接电源负极，负极接电源正极。（　　）

7. 放大电路设置静态工作点目的是为了使放大电路正常工作。（　　）

8. 放大电路中，基极作为输入回路和输出回路的公共端时，称为共射极放大电路。（　　）

9. 将交流电转换为直流电称为滤波。（　　）

10 共射极放大电路无放大作用。（　　）

## 四、简答题（每题 6 分，共 12 分）

1. 简述二极管的伏安特性。

2. 简述稳压管的工作原理。

## 五、看图答题（每题 10 分，共 30 分）

1. 习题图 2-10 中，三极管处于放大工作状态，请标出电路各电流的方向。

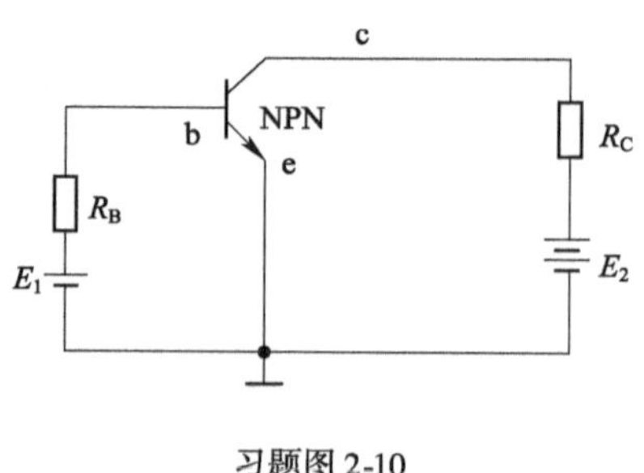


习题图 2-10

2. 习题图 2-11 是稳压二极管的伏安特性曲线，请在曲线上圈出稳压管工作的区域。

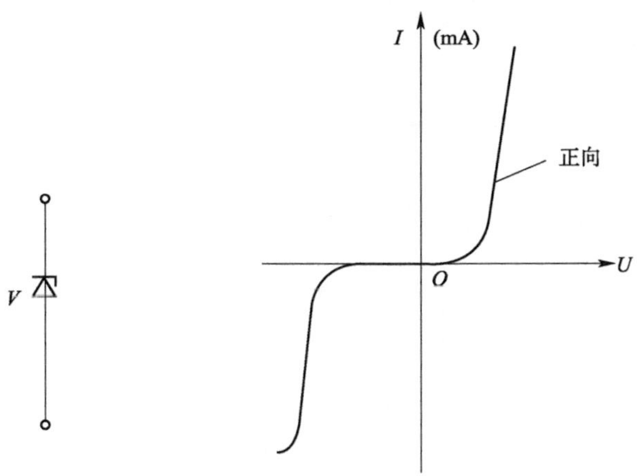


习题图 2-11

3. 在习题图 2-12 中，a 图是共射极放大电路，b 图是其未画完整的交流通路，请将交流通路补画完整。

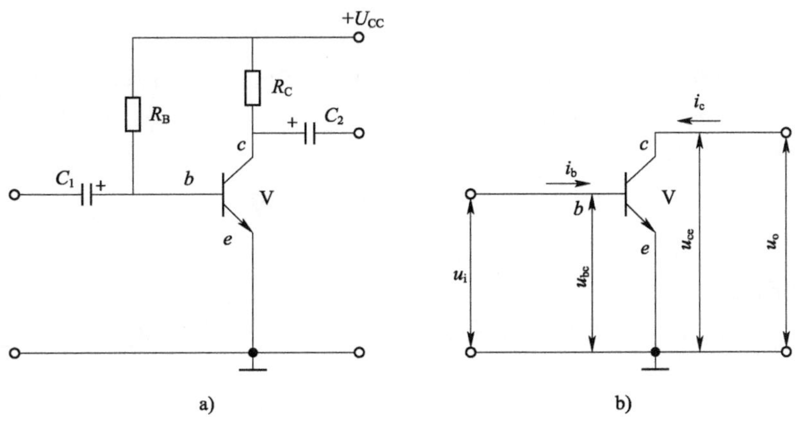


习题图 2-12

# 单元三
# 电　源　系

## 课题一　蓄　电　池

### 一、填空题

1. 汽车用起动型铅蓄电池一般由__________个或__________个单格电池__________联而成，每单格的额定电压为__________ V。

2. 某轿车用6—QA—40S 型蓄电池，是由__________个单格电池组成，额定电压为__________，额定容量为__________，采用__________外壳的__________荷电__________型铅蓄电池。

3. 铅蓄电池的充放电过程是__________逆的，电池充满电时，正极板活性物质为__________，负极板的活性物质为__________；放电时，正、负极板的活性物质都逐渐变为__________，消耗电解液中的__________而产生__________。

4. 在使用起动机时，每次接入起动机的时间不得超过__________，两次起动应间隔__________以上。

5. 蓄电池的充电有__________、__________充电和__________充电等种类。

6. 汽车蓄电池的技术状况检查主要包含__________的检查和__________的检验两个项目。

### 二、选择题（请将正确答案的序号填写在括号中）

1. 汽车发电机向蓄电池充电的条件是（　　）

   A. 发电机电压高于蓄电池电压

   B. 发电机电压高于蓄电池电动势

   C. 发电机电动势等于蓄电池电动势

2. 将汽车用铅蓄电池的正、负极板各一片，浸入标准密度的电解液内，就可以获得约（　　）。

   A. 2V 的端电压　　　B. 2.1V 的电动势　　　C. 2.1V 的端电压

3. 汽车蓄电池的充电过程都分为两个阶段：第一阶段，自充电开始至单格电池电压上升至（　　）左右、电解液内开始出现气泡为止。

   A. 2.1V　　　B. 2.7V　　　C. 2.4V

4. 在将铅蓄电池连接到汽车上时,其接线顺序是(　　)。

A. 先接火线　　B. 先接搭铁线　　C. 不加区分

## 三、判断题(对下列说法,正确的在后面的括号中划"√",错误的划"×")

1. 起动型铅蓄电池在汽车上与发电机是并联连接的。(　　)
2. 汽车蓄电池的额定容量与每片极板的面积和每单格电池极板的片数成正比。(　　)
3. 蓄电池的额定容量与单格电池数成正比。(　　)

## 四、简答题

1. 汽车电气设备的特点是什么?

2. 汽车起动型铅蓄电池的用途有哪些?

3. 哪些使用因素影响蓄电池的容量?是如何影响的?

4. 汽车蓄电池存电不足的表现主要有哪些?

## 五、看图答题

1. 习题图 3-1 是蓄电池在汽车上的连接情况,请将图中的图形符号与对应名称用直线连起来。

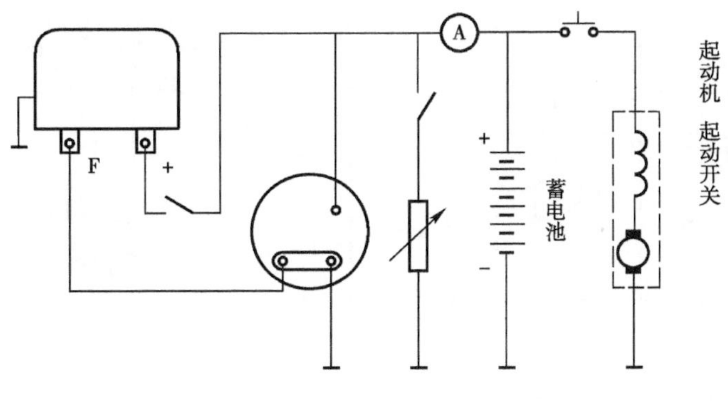


习题图 3-1

2. 习题图 3-2 是蓄电池联条的几种形式，请用直线将图示形式与名称连起来。

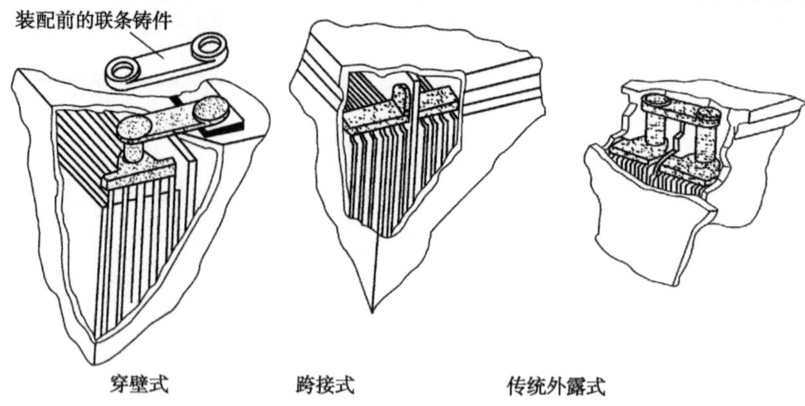


习题图 3-2

3. 习题图 3-3 是在对蓄电池做何种测量？其结果 $h$ 应为多少？

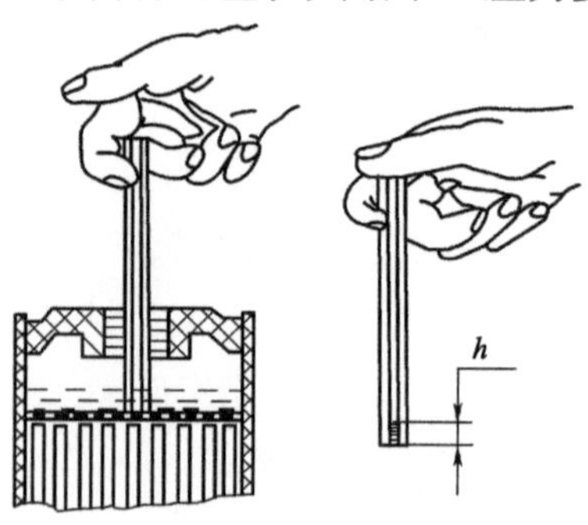


习题图 3-3

4. 习题图 3-4 是从电池盖上的玻璃观察孔观察到的颜色，将观察到的颜色与蓄电池状态连线。

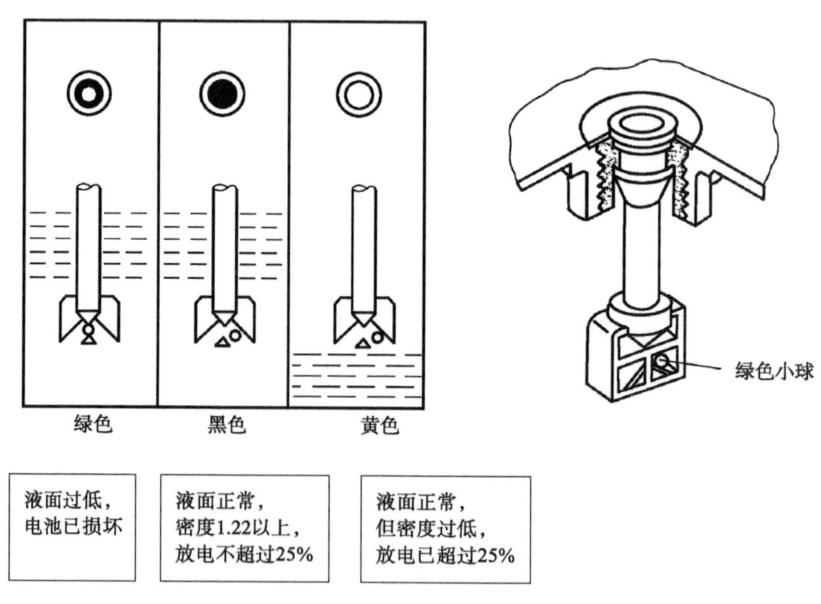


习题图 3-4

# 课题二　硅整流发电机的构造、拆卸、工作原理与特性

## 一、填空题

1. 硅整流发电机主要由__________、__________、__________、__________、__________、__________等6个部分组成。

2. 硅整流发电机整流器的作用是将电枢绕组产生的__________电转换成__________电。整流器一般是由__________只二极管组成的__________整流电路。

3. 九管硅整流发电机是在六管整流器的基础上增加了三只较小功率的__________，在发电机上形成了__________个三相桥式整流电路，新增加的整流器用来输出发电机的励磁电流，因此新增加的三只小功率被称为__________二极管。

## 二、选择题（请将正确答案的序号填写在括号中）

1. 常见汽车硅整流发电机三相定子绕组一般为（　　）连接形式。

A. 三角形　　B. 星形　　C. 星-三角形

2. 硅整流发电机整流正极管的外壳是二极管的负极，将三只正极管的外壳压装在同一元件板上，则该元件版是发电机的（　　）。

A. 正极　　B. 负极　　C. 中性点

3. 硅整流发电机中性点“N”输出电压的平均值是发电机输出电压的（　　）。

A. 1/2　　B. 1/3　　C. 1/4

## 三、判断题（对下列说法，正确的在后面的括号中划“√”，错误的划“×”）

1. 硅整流发电机转子的作用是产生磁场。（　　）

2. 因为硅整流发电机三相定子绕组的形状、尺寸完全相同，且对称地安装在定子铁芯的槽内，所以产生出三个频率、最大值和相位均相同的电动势。（　　）

3. 如果汽车发电机转速低于其空载转速，它将不能在额定电压下向用电设备供电。（　　）

4. 硅整流发电机的输出电流会随负载的增加和发电机转速的增高而不断增大，因此在使用过程中要防止发电机因过载而烧坏。（　　）

## 四、简答题

1. 简要叙述硅整流发电机的发电原理。

2. 简要叙述硅整流发电机整流器二极管的导通原则。

3. 为什么发电机的输出线路必须连接牢固?

## 五、看图答题

1. 习题图 3-5 是 JF1522A 型发电机的结构图,请将图上的部件与其名称用直线连起来。

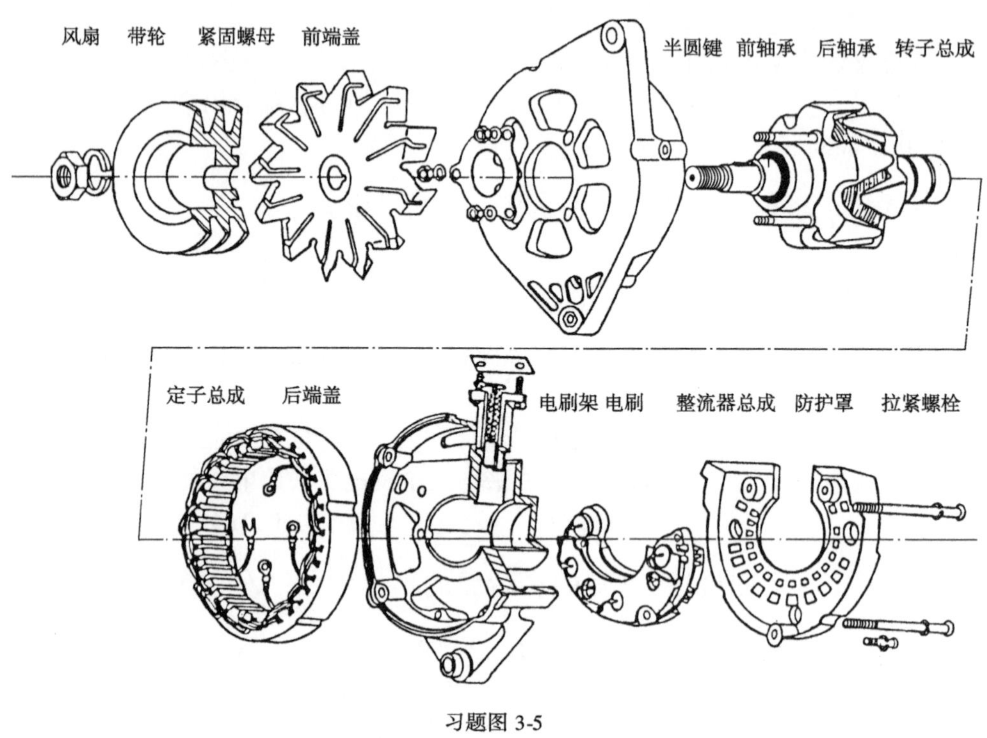


习题图 3-5

2. 习题图 3-6 是发电机转子的分解图,请将图示各部件的名字写在对应的标号后面。

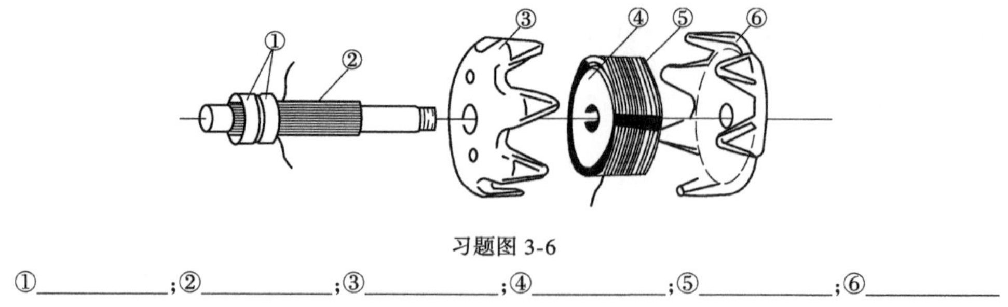


习题图 3-6

①__________;②__________;③__________;④__________;⑤__________;⑥__________

3. 习题图 3-7 是发电机整流原理图,请用箭头在 a)图上标出在 $t_6 \sim t_7$时间内负载电阻 $R$ 的电流回路。

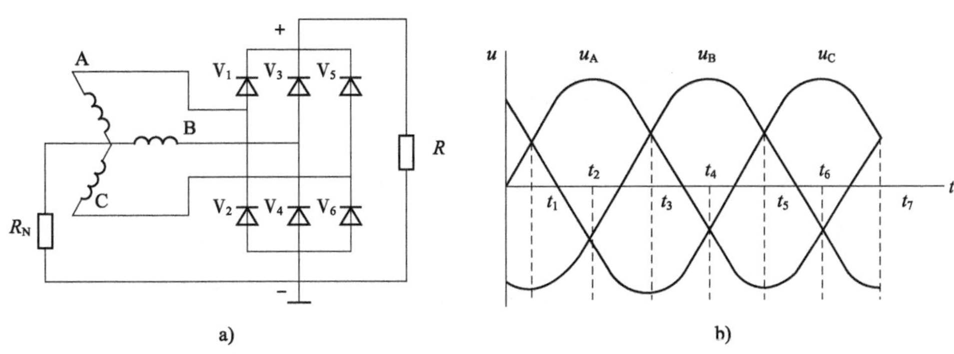


习题图 3-7

4. 习题图 3-8 是发电机整流原理图，请用箭头在 a) 图上标出在 $t_6 \sim t_7$ 时间内，中性点负载 $R_N$ 的电流回路。

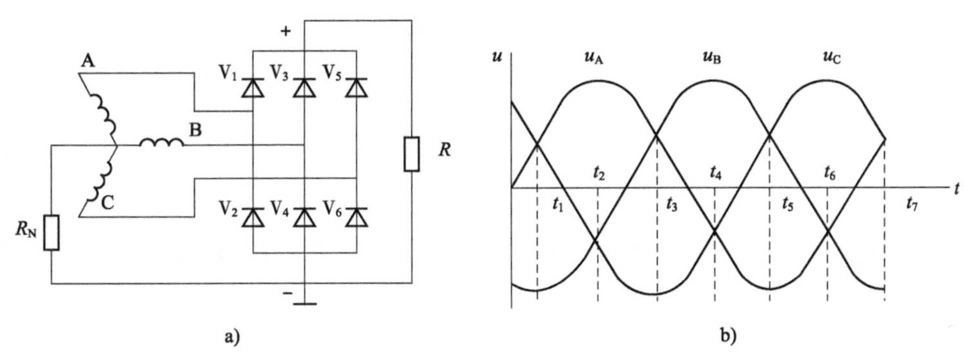


习题图 3-8

# 课题三　电压调节器

## 一、填空题

1. 发电机电压调节器工作的机理是，当发电机转速增高时，__________励磁电流，保持发电机的输出电压不变；反之，当发电机转速降低时，__________励磁电流，使发电机输出电压保持不变。

2. 电压调节器分为__________式和__________式两类。

## 二、判断题（对下列说法，正确的在后面的括号中划“√”，错误的划“×”）

1. 双级触点式电压调节器，在低速触点失效，高速触点尚未开始工作期间，出现了一个失控的转速区域（称为失控区），在该区域内发电机电压随转速的升高而升高。（　　）

2. 通过电子式电压调节器中的大功率晶体三极管的饱和或截止，控制着发电机的励磁电流。（　　）

## 三、简答题

汽车发电机电压调节器的作用是什么？

## 四、看图答题

1. 习题图 3-9 描述了双级触点式调节器的工作过程，请将发电机他励、自励的阶段连线标出。

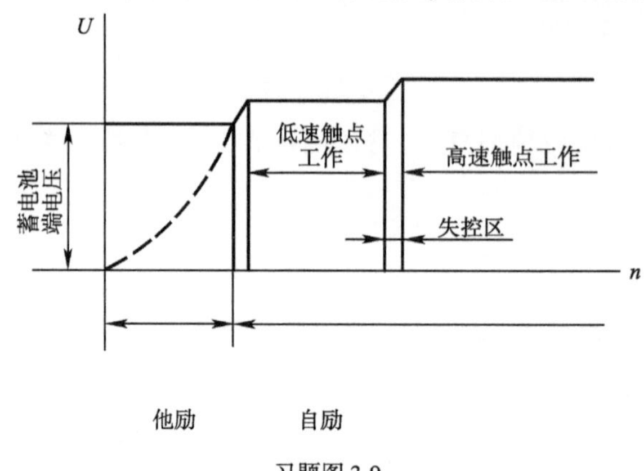


习题图 3-9

2. 习题图 3-10 是 JFT106 型晶体管调节器的工作原理图，请用箭头标出发动机起动时发电机励磁电流的回路。

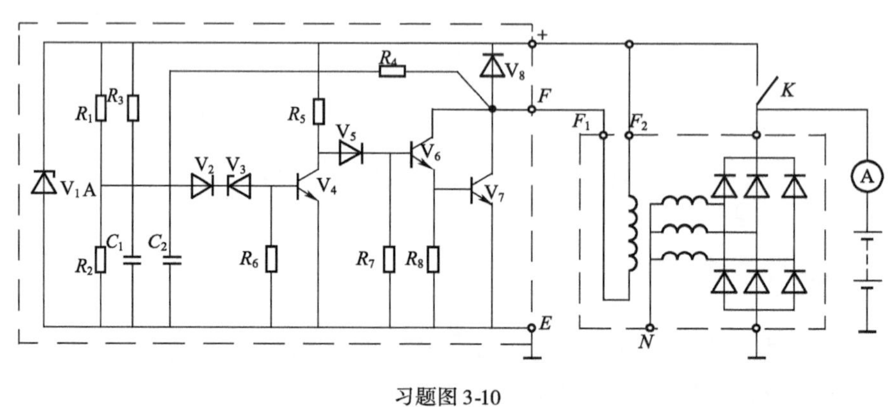


习题图 3-10

# 课题四　硅整流发电机的检修与试验

## 一、填空题

1. 测量发电机定子三相绕组的通路断路时，万用表的一表笔接三相绕组的中性点，另一表笔分别接绕组的三个__________，电阻值应接近为__________且__________，如果有一相电阻值为无穷大，则表明该相__________。

2. 用万用电表测量正极管，测正向电阻时，将万用表拨到 R × ________ 挡，________表笔接元件板，________表笔分别接三只管子的引线，测得的电阻值应为________ Ω。测量反向电阻时，将万用表拨到 R × ________挡，________表笔接元件板，________表笔分别接三只管子的引线，测得的阻值应为________ Ω 以上。若某整流管两次测得的电阻值都为零，表明该整流管已________损坏，若两次测得的电阻值均为无穷大，表明该整流管已________损坏。

3. 发动机综合性能分析仪通常由________、________、________、________、________和打印机组成。

## 二、选择题（请将正确答案的序号填写在括号中）

1. 用万用表测量硅整流发电机转子两滑环间的电阻，测到的数值反映的是(　　)。

A. 两滑环的绝缘情况　　B. 励磁绕组的电阻值　　C. 滑环是否搭铁

2. 用万用表测量发电机转子上的其中一个滑环与转子轴间的电阻值大于零小于发电机励磁绕组电阻，这说明(　　)。

A. 被测滑环与转子轴绝缘破坏

B. 励磁绕组断路

C. 励磁绕组与转子轴绝缘不良

## 三、判断题（对下列说法，正确的在后面的括号中划“√”，错误的划“×”）

1. 用 220V 交流试灯的一端接发电机转子轴，另一端接任一滑环，若试灯不亮，表明发电机励磁绕组绝缘良好。(　　)

2. 用万用表测量发电机整流二极管的正向电阻应为 8 ~ 10Ω，正、反向电阻相差不应超过 1000 倍。(　　)

## 四、看图答题

1. 如习题图 3-11 所示，这是在测量发电机的什么参数？如果这是一个良好的 JF1522A 型发电机的部件，测得参数应为多少？

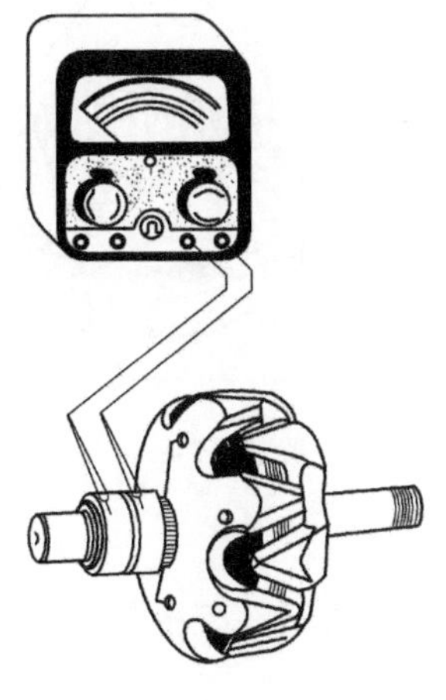

习题图 3-11

2. 如习题图 3-12 所示，若发电机转子良好，其试灯灯泡应是什么状态？

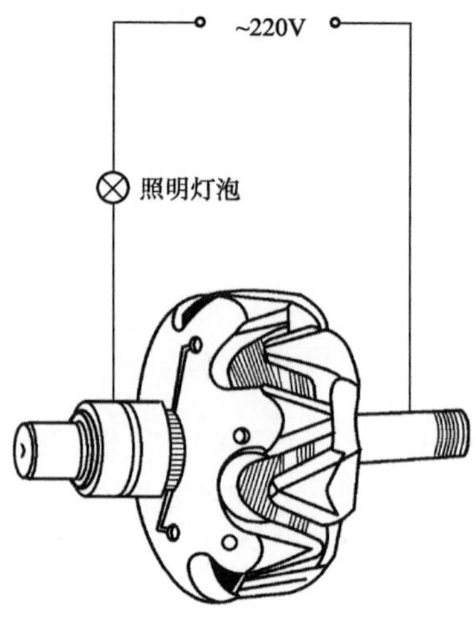


习题图 3-12

3. 如习题图 3-13 所示，两表笔分别接某一相绕组的首端和中性点，正常情况下万用表的读数是多少？

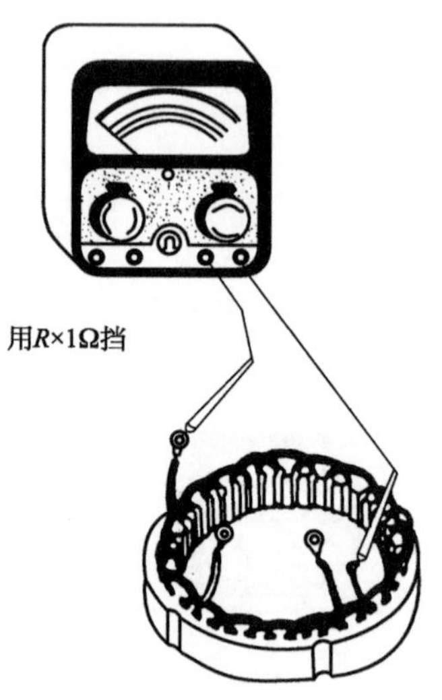


习题图 3-13

4. 习题图 3-14 所示的是测量发电机元件版上同一只整流二极管，a)、b)两种情况下的正常值分别应为多少？

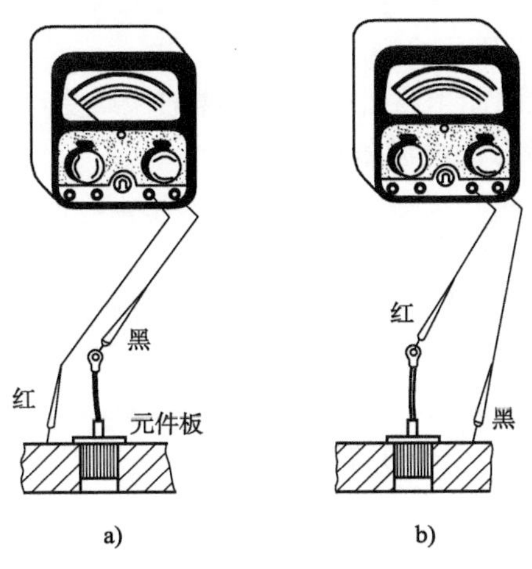


习题图 3-14

# 课题五　电源系的线路连接

## 一、填空题

1. 解放 CA1092 型汽车发电机对蓄电池的充电回路是：发电机 + →__________→__________→__________→蓄电池 + 、蓄电池 - →__________→发电机 - 。

2. 解放 CA1092 型汽车，在发电机电压__________时，充电指示被点亮，回路为：蓄电池 + →起动机主接线柱→__________→__________→__________→充电指示灯→组合继电器__________接线柱、__________、搭铁→蓄电池 - 。

## 二、选择题（请将正确答案的序号填写在括号中）

1. 硅整流发电机与蓄电池均为负极搭铁，蓄电池正极与发电机火线是直接相连的。在更换蓄电池时如果蓄电池正、负极接反，会出现（　　）故障。

A. 蓄电池连续向发电机励磁绕组放电，烧毁发电机

B. 使调节器大功率三极管长期通电而烧坏

C. 蓄电池将通过整流器大电流放电烧坏整流管。

2. 当发电机高速运转时，如果发电机与蓄电池之间的导线突然断开，会（　　）。

A. 烧坏发电机整流管

B. 产生瞬时高压，损坏电子元件

C. 无影响

## 三、判断题（对下列说法，正确的在后面的括号中划“√”，错误的划“×”）

1. 解放 CA1092 型汽车，在发电机中性点电压达到 4.5 ~5.5V 后，充电指示灯熄灭，表明发电机已开始对外供电。（　　）

2. 众等品牌汽车的电路图上，标注“30”字样的端线与蓄电池 + 、发电机 B + 直接连接，因此该线是常火线，不受任何开关控制。（　　）

3. 大众等品牌汽车的电路图上，标注“15”字样的端线受点火开关控制，当点火开关处于 1 位（点火）或 2 位（起动）时对用电设备供电。（　　）

## 四、简答题

1. 从电源系的角度来说，为什么发动机熄火后，应及时断开点火开关？

2. 汽车在运行中，为什么一旦发现不充电或充电电流过小，应立即停车检查维修？

## 五、看图答题

1. 习题图 3-15 是解放 CA1092 型汽车的电源系线路，请在图上用箭头标出发电机对蓄电池充电的电流回路。

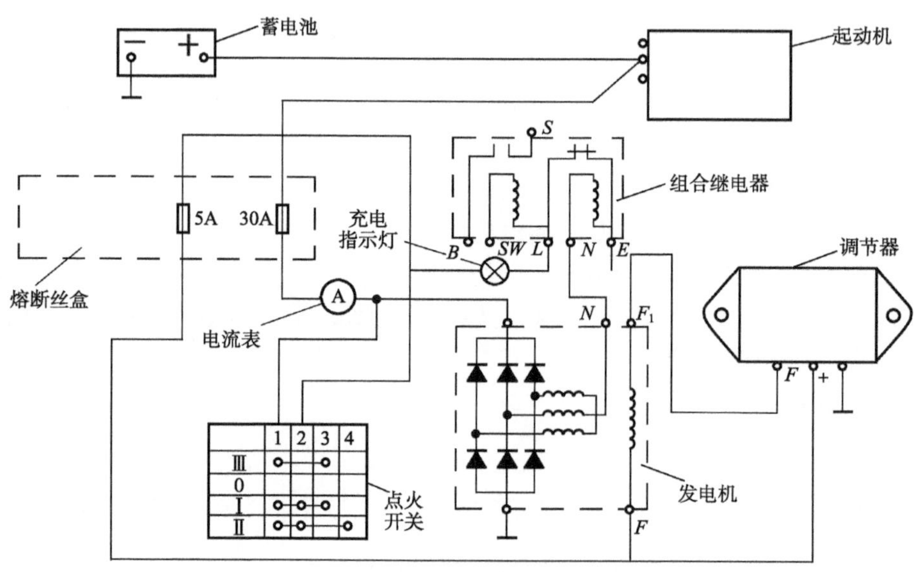


习题图 3-15

2. 习题图 3-16 是解放 CA1092 型汽车的电源系线路，请在图上用箭头标出充电指示灯的电流回路。

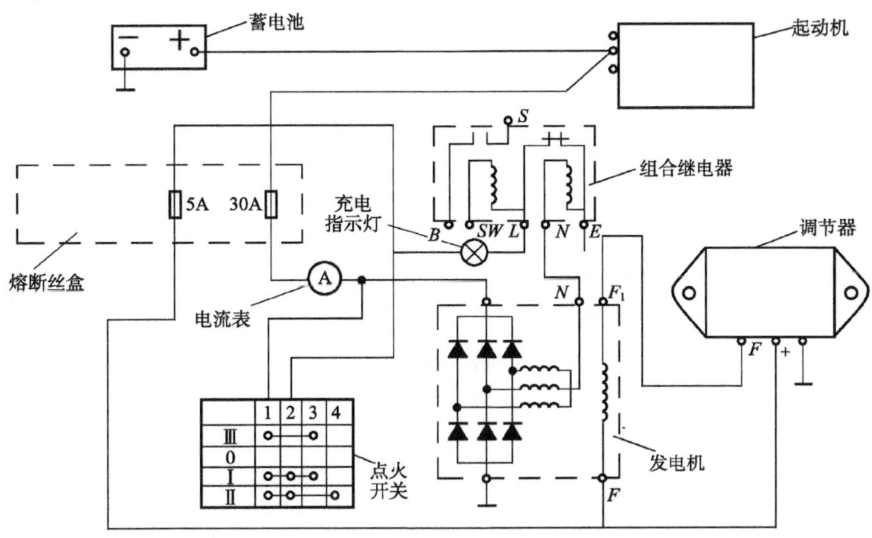


习题图 3-16

3. 仔细阅读习题图 3-17，找出端子"30""15""X"与蓄电池 +、发电机 $B_+$ 之间的关系，分别受到哪些部件控制？

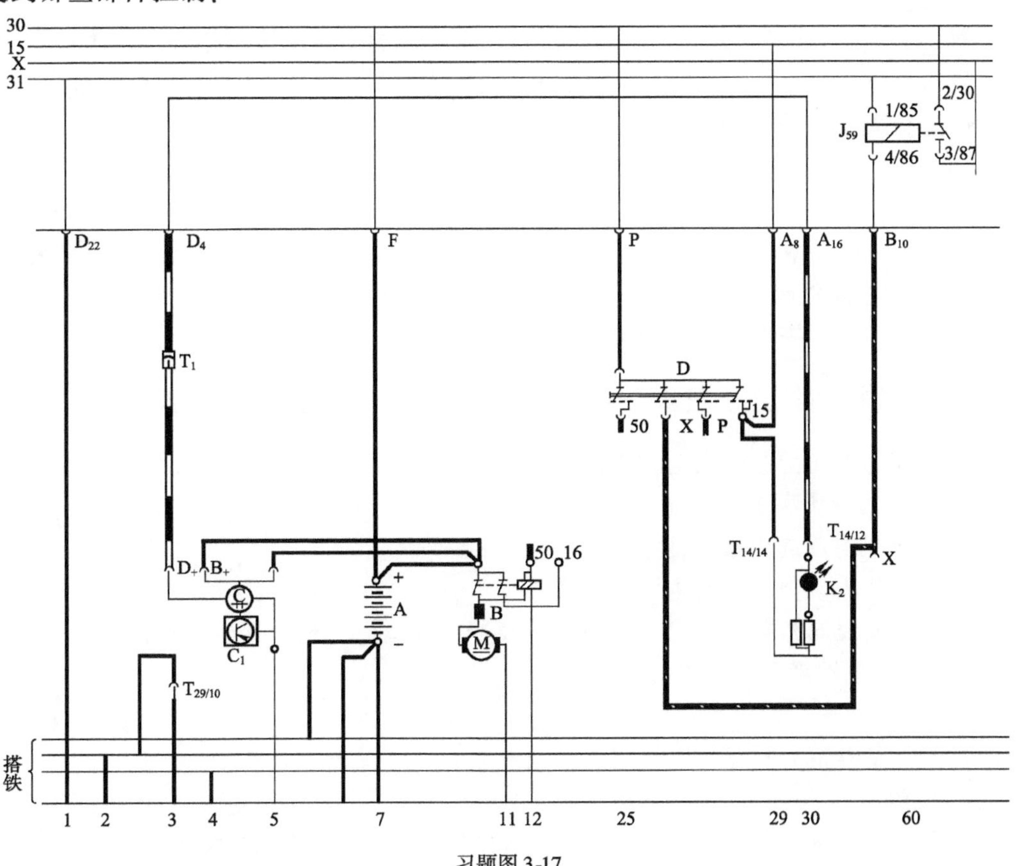


习题图 3-17

# 单元考核试题

班级__________ 姓名__________ 学号__________ 成绩__________

## 一、填空题(每空 1 分,共 30 分)

1. 汽车用起动型铅蓄电池一般由__________个或__________个单格电池__________联而成,每单格的额定电压为__________V。

2. 铅蓄电池的充放电过程是__________逆的, 电池充满电时,正极板活性物质为__________,负极板的活性物质为__________;放电时,正、负极板的活性物质都逐渐变为__________,消耗电解液中的__________而产生__________。

3. 汽车蓄电池的技术状况检查主要包含__________的检查和__________的检验两个项目。

4. 硅整流发电机整流器的作用是将电枢绕组产生的__________电转换成__________电。整流器一般是由__________只二极管组成的__________整流电路。

5. 发电机电压调节器工作的机理是,当发电机转速增高时,__________励磁电流,保持发电机的输出电压不变;反之,当发电机转速降低时,__________励磁电流,使发电机输出电压保持不变。

6. 测量发电机定子三相绕组的通路断路时,万用表的一表笔接三相绕组的中性点,另一表笔分别接绕组的三个__________,电阻值应接近为__________且__________,如果有一相电阻值为无穷大,则表明该相__________。

7. 用万用电表测量发电机整流二极管,其正向电阻一般应为__________,反向电阻应在__________以上。

8. 解放 CA1092 型汽车,在发电机电压__________时,充电指示被点亮,回路为:蓄电池 + →起动机主接线柱→__________→__________→充电指示灯→组合继电器__________接线柱、__________、搭铁→蓄电池 - 。

## 二、选择题(请将正确答案的序号填写在括号中。每小题 2 分,共 10 分)

1. 汽车发电机向蓄电池充电的条件是(　　)

A. 发电机电压高于蓄电池电压

B. 发电机电压高于蓄电池电动势

C. 发电机电动势等于蓄电池电动势

2. 汽车蓄电池的充电过程都分为两个阶段:第一阶段,自充电开始至单格电池电压上升至(　　)左右、电解液内开始出现气泡为止。

A. 2.1V　　B. 2.7V　　C. 2.4V

3. 常见汽车硅整流发电机三相定子绕组一般为(　　)连接形式。

A. 三角形　　B. 星形　　C. 星-三角形

4. 用万用表测量硅整流发电机转子两滑环间的电阻,测到的数值反映的是(　　)。

A. 两滑环的绝缘情况　　　　B. 励磁绕组的电阻值

5. 当发电机高速运转时,如果发电机与蓄电池之间的导线突然断开,会(　　)。

A. 烧坏发电机整流管　　　　B. 产生瞬时高压,损坏电子元件

## 三、判断题(对下列说法,正确的在后面的括号中划“√”,错误的划“×”。每小题2分,共10分)

1. 起动型铅蓄电池在汽车上与发电机是并联连接的。(　　)

2. 蓄电池的额定容量与单格电池数成正比。(　　)

3. 因为硅整流发电机三相定子绕组的形状、尺寸完全相同,且对称地安装在定子铁芯的槽内,所以产生出三个频率、最大值和相位均相同的电动势。(　　)

4. 整流发电机的输出电流会随负载的增加和发电机转速的增高而不断增大,因此在使用过程中要防止发电机因过载而烧坏。(　　)

5. 电子式电压调节器中的大功率晶体三极管的饱和或截止,控制着发电机的励磁电流。(　　)

## 四、简答题(每小题5分,共25分)

1. 汽车起动型铅蓄电池的用途有哪些?

2. 汽车蓄电池存电不足的表现主要有哪些?

3. 简要叙述硅整流发电机的发电原理。

4. 汽车发电机电压调节器的作用是什么?

5. 从电源系的角度来说,为什么发动机熄火后,应及时断开点火开关?

## 五、看图答题(每小题5分,共25分)

1. 习题图3-18是从电池盖上的玻璃观察孔观察到的颜色,将观察到的颜色与蓄电池状态连线。

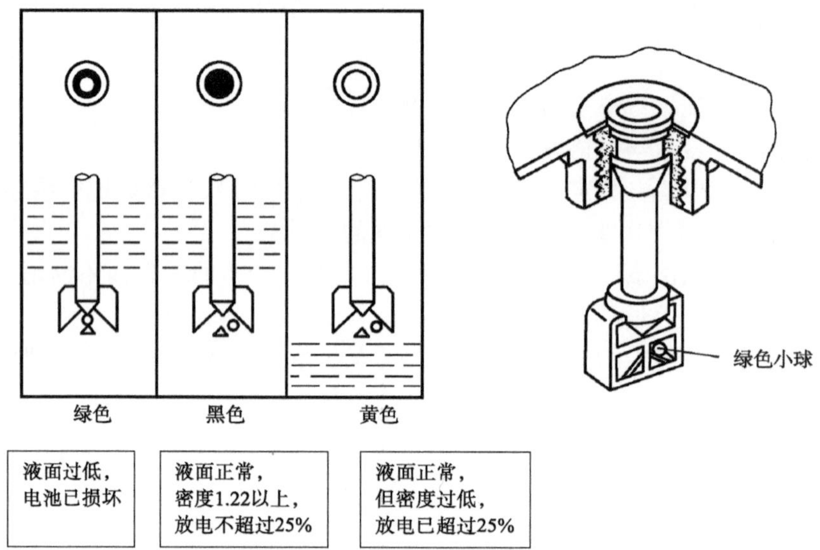


习题图3-18

2. 习题图3-19是JF1522A型发电机的结构图,请将图上的部件与其名称用直线连接。

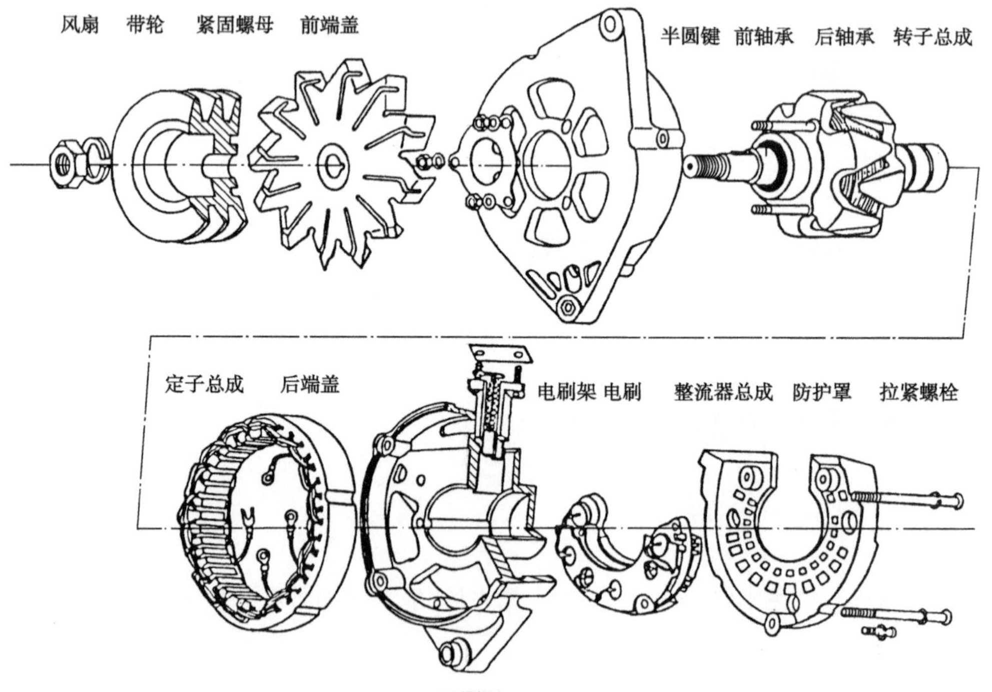


习题图3-19

3. 习题图3-20是发电机整流原理图,请用箭头在a)图上标出在$t_6 \sim t_7$时间内负载电阻$R$的电流回路。

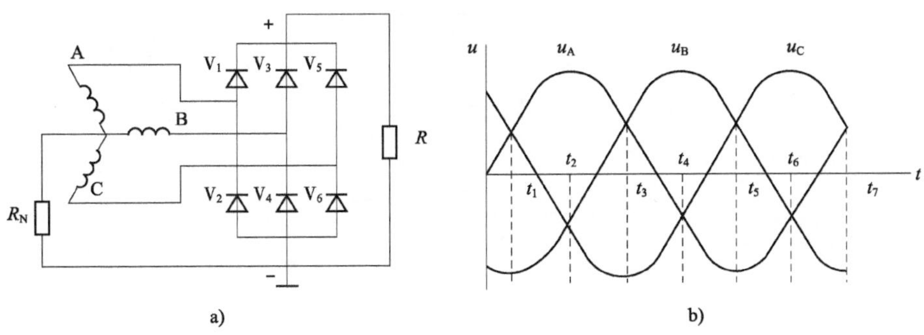


习题图 3-20

4. 习题图 3-21 所示的是测量发电机元件版上同一只整流二极管,a)、b)两种情况下的正常值分别应为多少?

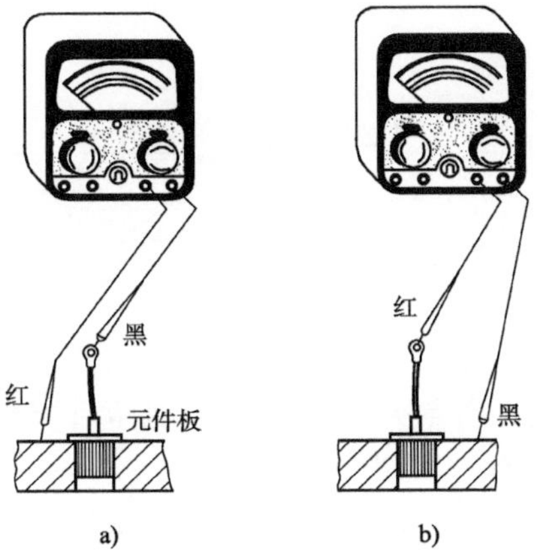


习题图 3-21

5. 习题图 3-22 是解放 CA1092 型汽车的电源系线路,请在图上用箭头标出充电指示灯的电流回路。

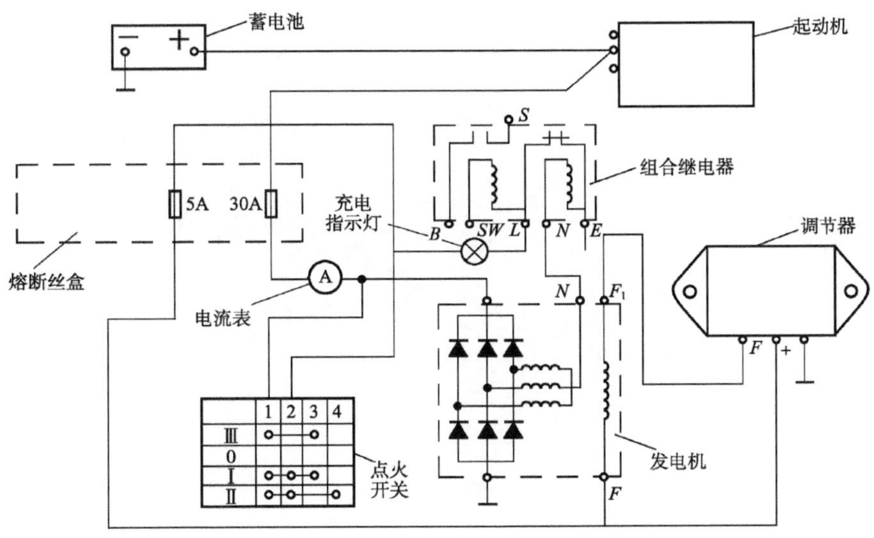


习题图 3-22

# 单元四
# 起 动 系

## 课题一 起动系概述

### 一、填空题

1. 发动机的起动，是指__________的发动机在__________驱动下，从开始__________到进入__________的全过程。

2. 发动机常用的起动方式有__________起动、__________起动和__________起动等三种形式。

3. 起动系一般都由起动型__________、__________、__________、__________等组成。

4. 带起动继电器的起动系，当点火开关置于起动挡后，起动继电器线圈__________，其触点__________，起动机电磁开关中的线圈便__________，使电磁开关中的主触点__________，将起动机主电路__________，电动机通电运转。

### 二、简答题

简述无起动继电器起动系的工作过程。

### 三、看图答题

习题图 4-1 是起动系部件在汽车上的安装情况，请将部件名称写在对应的数字后面。

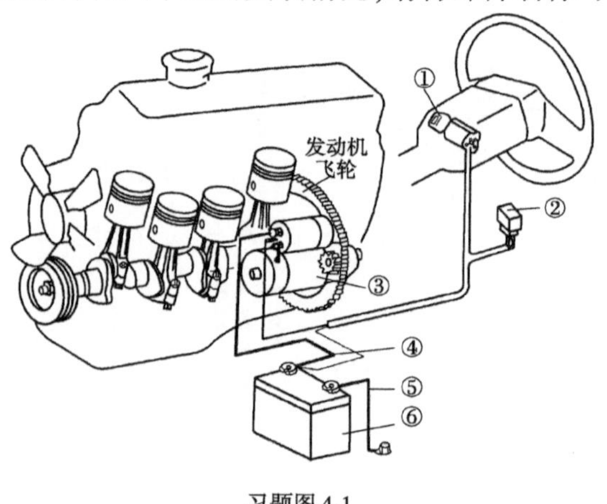


习题图 4-1

# 课题二　起动机的构造、拆卸、工作原理与特性

## 一、填空题

1. 起动机都是由以下三部分组成的：(1)__________、(2)__________、(3)__________。

2. 直流串励式电动机主要由__________、__________、__________、__________等部件构成。

3. 直流串励式电动机的电枢是电动机的__________子，用来产生__________。由__________、__________、__________、__________等部件构成。

4. 起动机的传动机构由单向离合器和__________等部件构成。常用的单向离合器有__________、__________和__________三种。

## 二、选择题（请将正确答案的序号填写在括号中）

1. 起动机电磁开关主要是用来（　　）电动机与蓄电池之间的电路的。
   A. 接通　　B. 切断　　C. 接通和切断。

2. 起动机电动机采用 4 磁极或 6 磁极主要是为了（　　）。
   A. 增大起动机转矩　　B. 加快起动机转速　　C. 节约蓄电池电能

3. 直流电动机的转矩与（　　）成正比。
   A. 电枢电流　　B. 磁极磁通　　C. 电枢电流及磁极磁通的乘积

4. 直流串励式电动机的产生最大转矩是在（　　）时。
   A. 电动机完全制动($n=0$)时
   B. 空载($M=0$)时
   C. 电枢电流约为制动电流的一半时

5. 刚接点火开关起动挡时，起动机电磁开关线圈的情况是（　　）。
   A. 吸引线圈和保持线圈均通电，且产生同向磁场
   B. 吸引线圈和保持线圈均通电，但产生反向磁场
   C. 只有保持线圈通电，产生磁场

6. 在起动机通电运转期间，其电磁开关线圈通电的是（　　）。
   A. 吸引线圈　　B 保持线圈　　C 吸引线圈和保持线圈

7. 在发动机已经起动，刚断开起动开关时，起动机电磁开关线圈的情况是（　　）。
   A. 吸引线圈和保持线圈均通电，且产生同向磁场
   B. 吸引线圈和保持线圈均通电，但产生反向磁场
   C. 只有保持线圈通电，产生磁场

## 三、判断题（对下列说法，正确的在后面的括号中划“√”，错误的划“×”）

1. 一般起动机上使用的直流电动机因其励磁绕组与电枢绕组串联，故称为直流串励式电动机。（　　）

2. 直流电动机都是根据通电导体在磁场中受到电磁力作用这一原理工作的。（ ）

## 四、简答题

1. 直流串励式电动机在起动机上的作用是什么？

2. 起动机传动机构的作用是什么？

3. 简述滚柱式单向离合器的工作过程。

## 五、看图答题

1. 习题图 4-2 是某起动机的结构图，请将图上的部件与其名称用直线连起来。

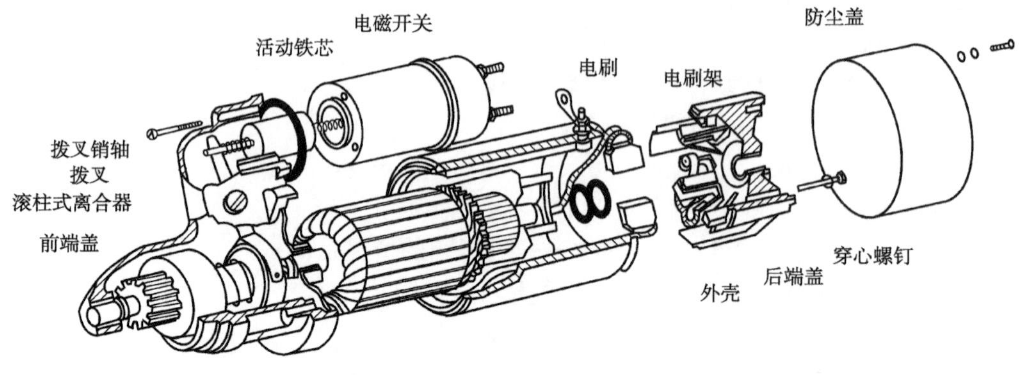


习题图 4-2

2. 习题图 4-3 是起动机电枢总成结构，请将其部件名称填写在对应的数字后面。

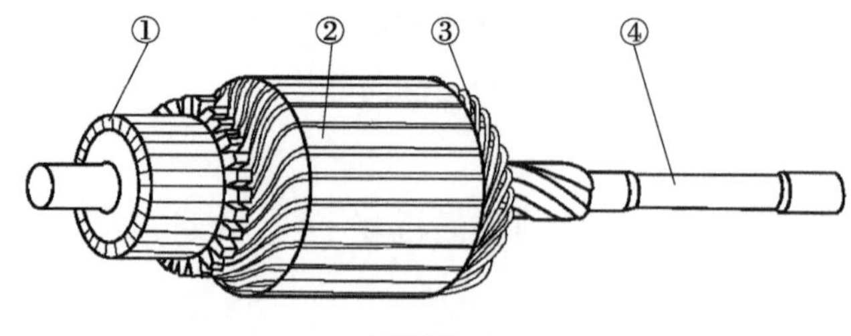


习题图 4-3

3. 习题图 4-4 是某起动机的励磁绕组，四个绕组采用了什么连接方式？

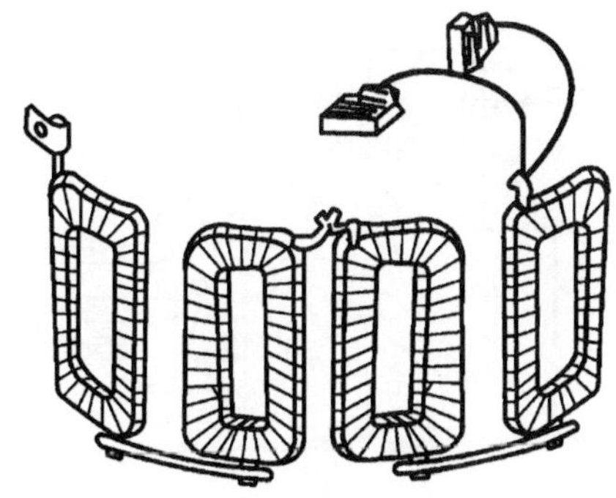

习题图 4-4

4. 习题图 4-5 是滚柱式离合器的结构图，请将零件与其名称用直线连起来。

外壳　驱动齿轮　十字块　滚柱　压帽弹簧　护盖　弹簧座　花键套筒　拨叉环　缓冲弹簧

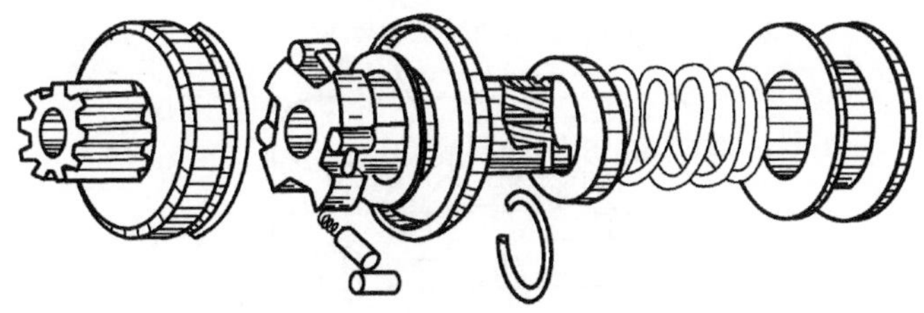

习题图 4-5

5. 习题图 4-6 是弹簧式离合器的结构图。

(1)请用直线将装配图的零件与图上方对应的零件连接；

(2)将图线所指零件的名称填写在相应数字序号后面或附近。

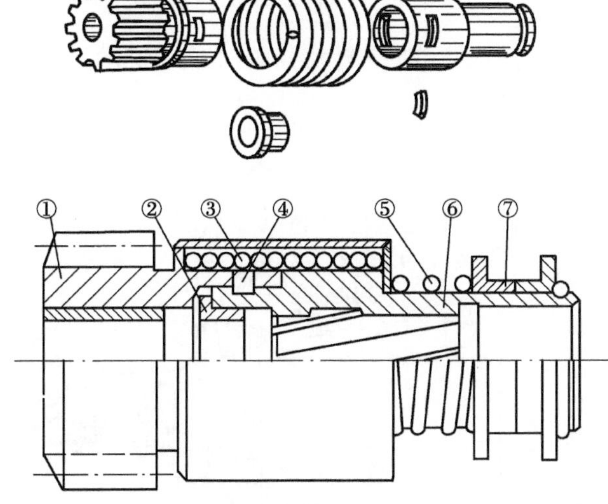


习题图 4-6

6. 习题图 4-7 是起动机的原理电路，请在图上标出，刚接通起动开关时，起动机电磁开关线圈电流的回路。

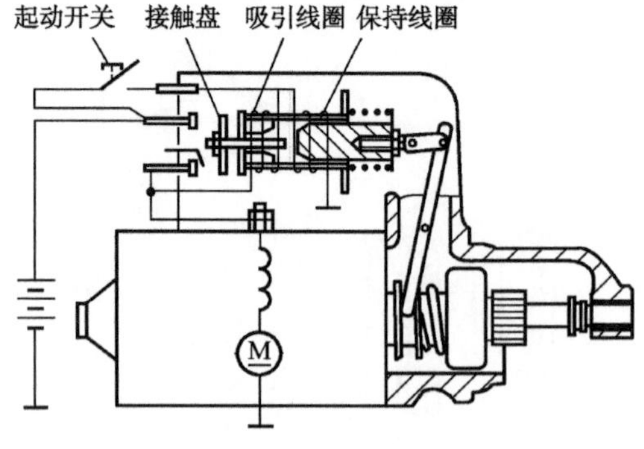


习题图 4-7

7. 习题图 4-8 是发动机起动过程中的原理电路，请在图上标出这种情况下，起动机电磁开关线圈电流的回路。

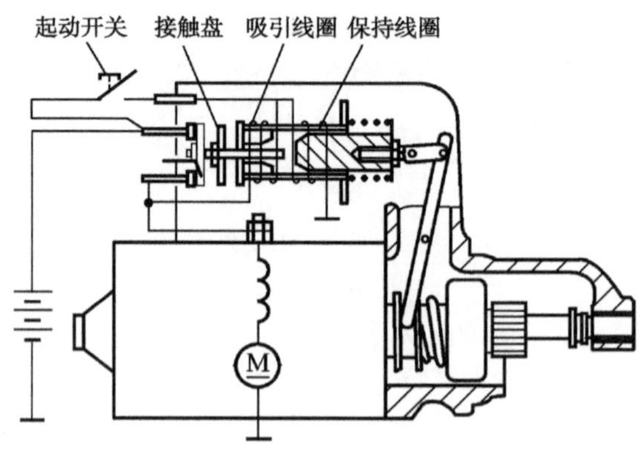


习题图 4-8

8. 习题图 4-9 是发动机起动后刚断开起动开关时起动机的原理电路，请在图上标出此时起动机电磁开关线圈电流的回路。

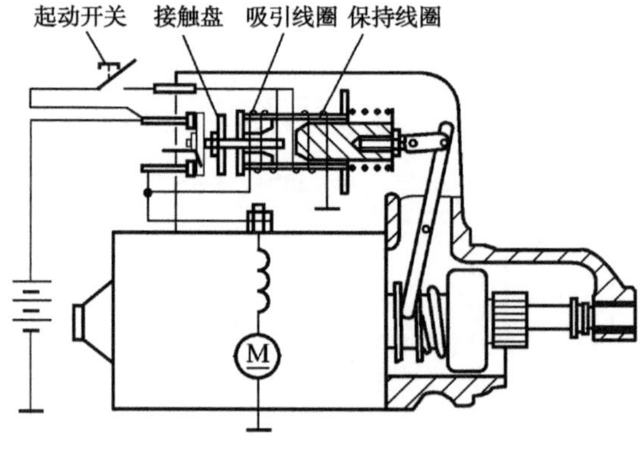


习题图 4-9

# 课题三　减速起动机与永磁起动机

## 一、填空题

1. 减速起动机的减速装置安装在电枢轴与__________之间。按传动方式不同分为平行轴圆柱齿轮__________传动式、平行轴圆柱齿轮__________传动式和同心轴__________传动式。

2. 常见永磁起动机中有__________块永磁磁极，用弹性保持片固定于机壳内，传动机构为__________单向离合器，配以__________减速装置。

3. 行星齿轮减速装置中，其__________齿轮为太阳轮，另有 3 个__________和 1 个__________。

## 二、判断题(对下列说法，正确的在后面的括号中划"√"，错误的划"×")

1. QD254 型内啮合式减速起动机的工作原理(控制过程)与一般直接传动起动机相同。（　　）

2. 永磁起动机最主要的特点是将普通串励电动机的磁场用永久磁铁来代替。（　　）

## 三、简答题

1. 减速起动机与普通起动机有什么区别？

2. 减速起动机有哪些优点？

## 四、看图答题

1. 习题图 4-10 是减速起动机采用的三种形式的减速装置，请将其名称文字与对应的减速装置用直线连接。

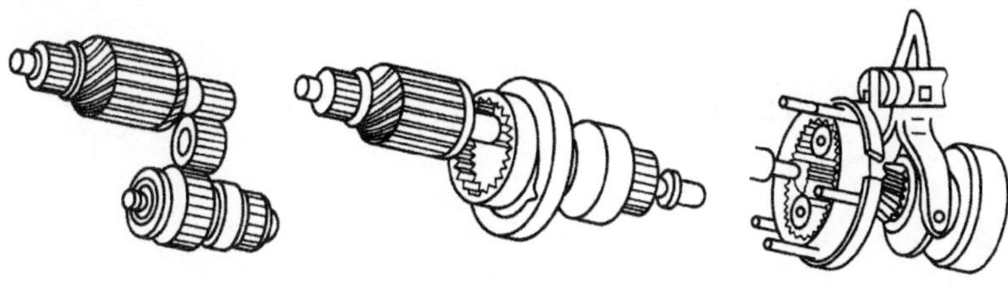

内啮合式　　　外啮合式　　　行星齿轮式

习题图 4-10

2. 习题图 4-11 是某型减速起动机的结构原理图。请在图上标出刚接通起动开关时,起动机电磁线圈中电流的回路,并将减速机构部件名称与对应部件用直线连接。

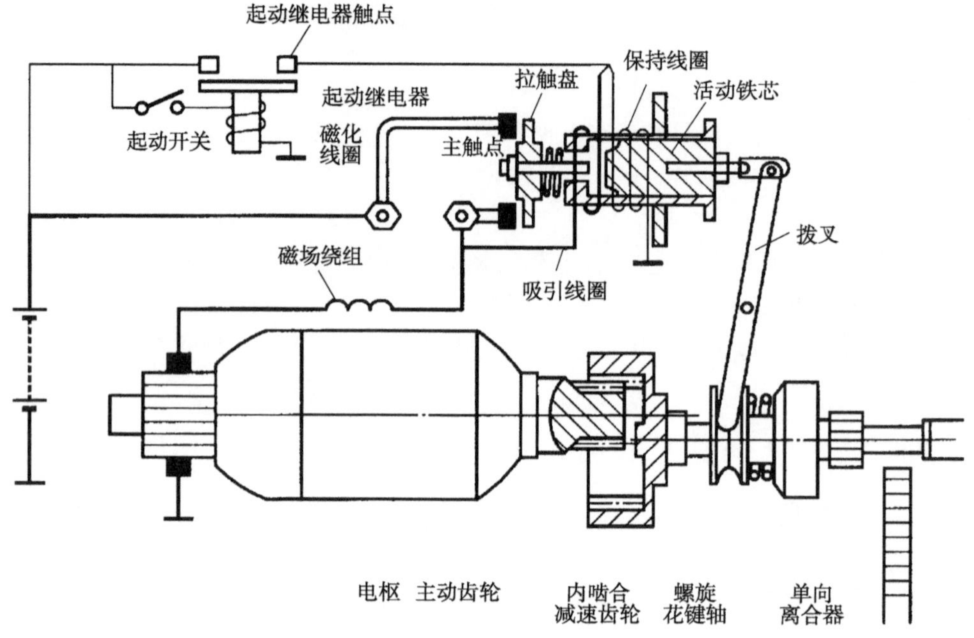


习题图 4-11

3. 习题图 4-12 是永磁起动机减速机构的结构图,请将图上部件与其名称用直线连接。

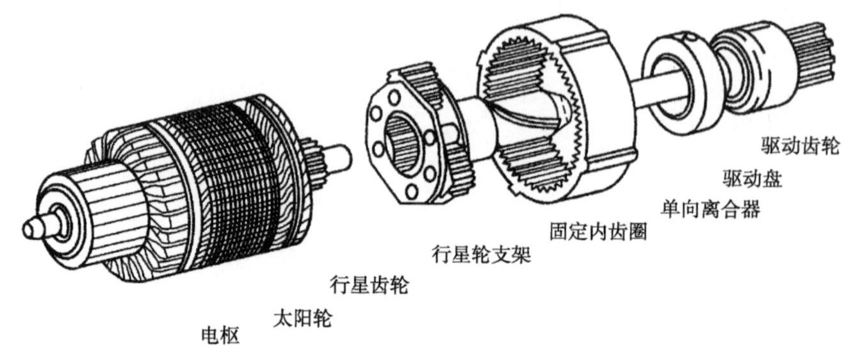


习题图 4-12

# 课题四　起动机的检修与试验

## 一、填空题

1. 起动机的检修包括__________、__________、__________等工序。

2. 起动机空转试验的目的是测量起动机的__________电流和__________,并与标准值比较,以判断起动机内部是否有__________故障和__________故障。

## 二、选择题(请将正确答案的序号填写在括号中)

1. 用万用电表 $R\times10k\Omega$ 挡测得起动机电枢换向片与电枢轴间的电阻值值为零,表明电枢绕组(或换向器)(　　)。

A. 搭铁　　B. 短路　　C. 正常

2. 对解体后的起动机励磁绕组通以 2V 的直流电,用钢片触试各磁极,发现某磁极的吸力明显较小,则该磁极上的绕组有(　　)故障。

A. 断路　　B. 短路　　C. 搭铁

3. 起动机电刷的高度低于原高度的(　　)时,应予更换。

A. 1/3　　B. 1/2　　C. 2/3

4. 用万用电表 $R\times1\Omega$ 挡,测到的起动机的 S 接线柱和壳体间的电阻值是(　　)的阻值。

A. 吸引线圈　　B. 保持线圈　　C. 吸引线圈与保持线圈串联

## 三、判断题(对下列说法,正确的在后面的括号中划"√",错误的划"×")

1. 起动机励磁绕组断路,一般是由于脱焊或虚焊造成的,应重新焊牢。(　　)

2. 起动机电磁开关的吸合电压,就是能够使起动机主电路接通的最低电压。应大于起动机额定电压的 75%。(　　)

## 四、简答题

1. 起动机电刷什么情况下应更换,要求是怎样的?

2. 良好的起动机进行空转试验时,运转情况应该是怎样的?

## 五、看图答题

1. 习题图 4-13 是用万用表检验起动机电枢的什么项目?正常值应为多少?

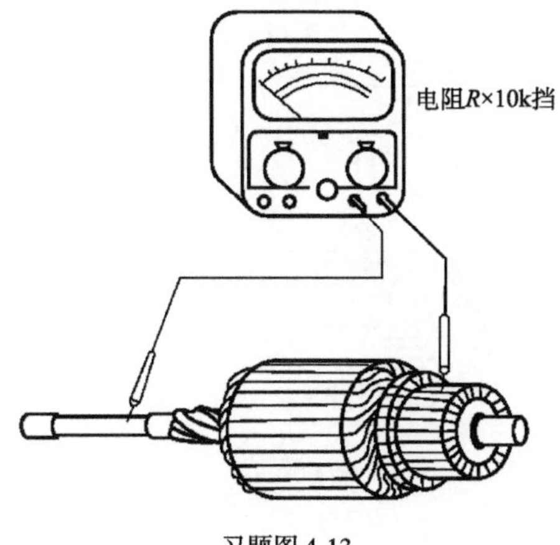


习题图 4-13

2. 若起动机电枢正常，习题图 4-14 中所示的交流指示灯应为何种状态？

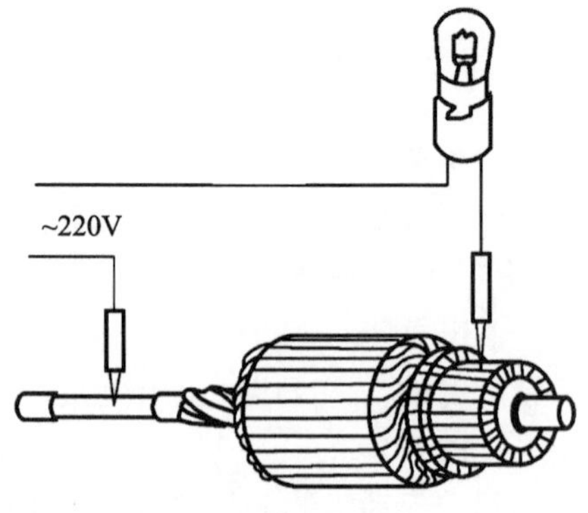


习题图 4-14

3. 起动机磁场及外壳均正常，习题图 4-15 所示的万用表读数应为多少？

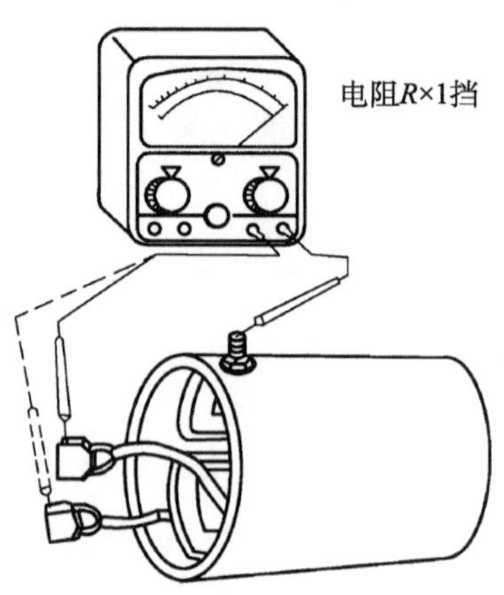


习题图 4-15

4. 习题图 4-16 是在检验什么项目？正常情况下，指示灯应为何种状态？

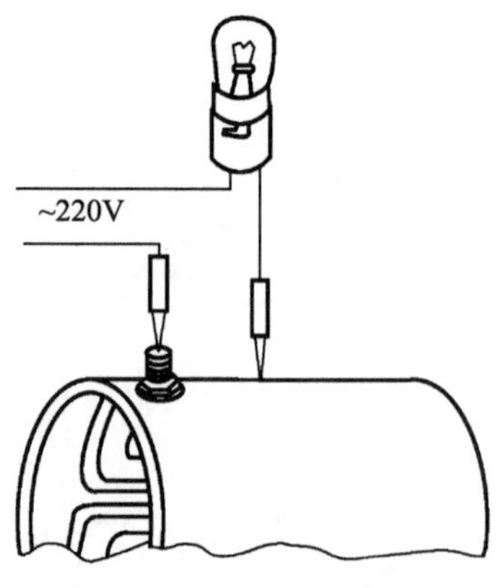


习题图 4-16

5. 习题图 4-17a)、b)两图分别是在测量电磁开关那些部件的电阻值?

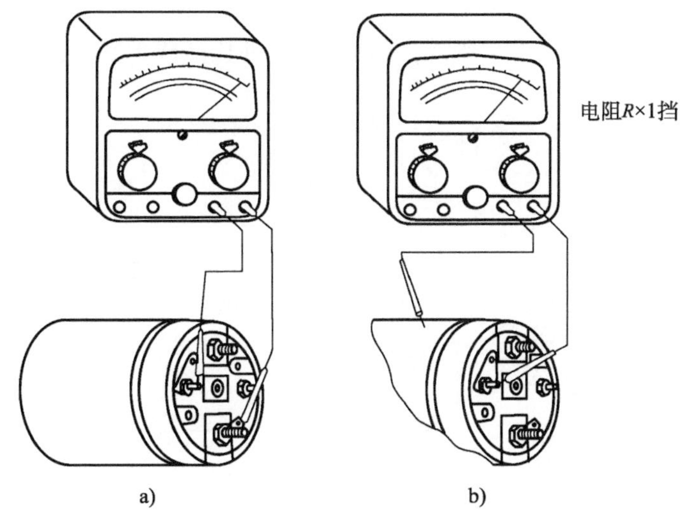


习题图 4-17

# 课题五　起动机的使用、起动系电路连接及起动预热装置

## 一、填空题

1. 装自动变速器的汽车在__________挡或__________挡上才能使用起动机。

2. 使用起动机,每次起动时间不能超过__________,两次起动应间隔__________以上。

3. 通常装用小功率起动机时,直接由__________控制起动机电磁开关;较大功率起动机的控制电路中增加了__________,由继电器的__________控制电磁开关的大电流,而用点火开关起动挡控制继电器__________的小电流。

## 二、判断题(对下列说法,正确的在后面的括号中划"√",错误的划"×")

1. 现代汽车上,在发动机起动后,不管是否放松点火开关,起动机都会自动停止工作;若发动机正常运转,即使将点火开关扳至起动挡,起动机也不会投入工作。　(　　)

2. 柴油机起动预热装置有使用内装阻丝式电热塞的,其电热塞安装在发动机进气歧管的进气口上。　(　　)

## 三、简答题

1. 起动机的驱动保护是什么意思?

2. 装用自动变速器的汽车上,是如何实现起动保护的?

## 四、看图答题

1. 参照原理图(习题图 4-18b),将 a)图给出的部件连接成无起动继电器的起动电路。

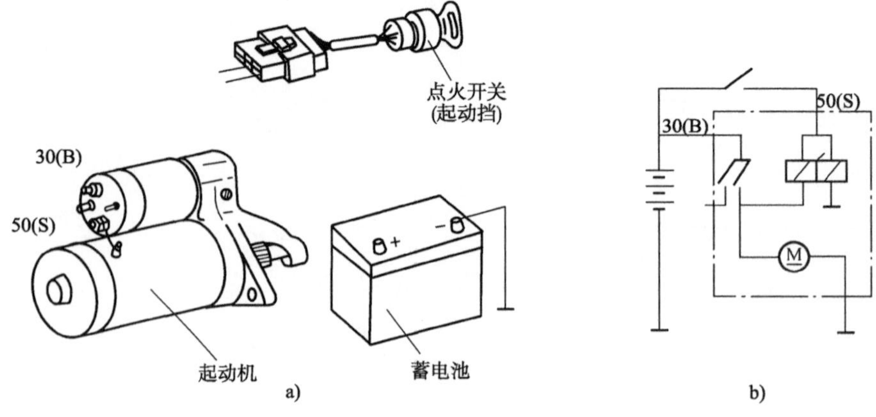


习题图 4-18

2. 照原理图(习题图 4-19b),将 a)图给出的部件连接成带起动继电器的起动电路。

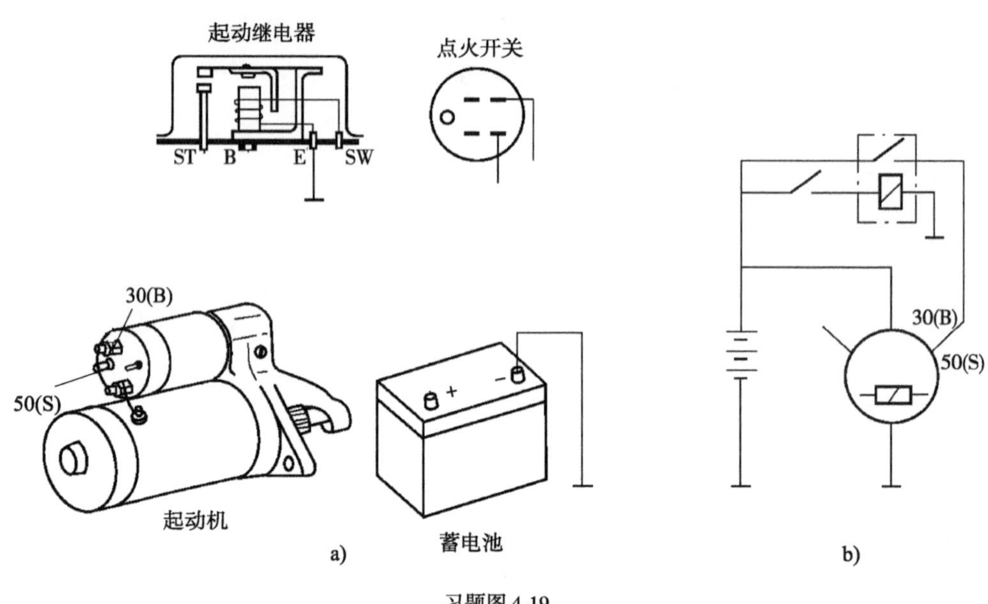


习题图 4-19

# 单元考核试题

班级__________ 姓名__________ 学号__________ 成绩__________

## 一、填空题(每空1分,共30分)

1. 发动机的起动,是指__________的发动机在__________驱动下,从开始__________到进入__________的全过程。

2. 起动系一般都由起动型__________、__________、__________、__________等组成。

3. 起动机都是由以下三部分组成的:(1)__________、(2)__________、(3)__________。

4. 起动机的传动机构由单向离合器和__________等部件构成。常用的单向离合器有__________、__________和__________三种。

5. 减速起动机的减速装置安装在电枢轴与__________之间。按传动方式不同分为平行轴圆柱齿轮__________传动式、平行轴圆柱齿轮__________传动式和同心轴__________传动式。

6. 常见永磁起动机中有__________块永磁磁极,用弹性保持片固定于机壳内,传动机构为__________单向离合器,配以__________减速装置。

7. 起动机的检修包括__________、__________、__________等工序。

8. 装自动变速器的汽车在__________挡或__________挡上才能使用起动机。

9. 通常装用小功率起动机时,直接由点火开关起动挡控制起动机电磁开关;较大功率起动机的控制电路中增加了__________,由继电器的__________控制电磁开关的大电流,而用点火开关起动挡控制继电器__________的小电流。

## 二、选择题(请将正确答案的序号填写在括号中。每小题2分,共10分)

1. 起动机电磁开关主要是用来(　　)电动机与蓄电池之间的电路的。

   A. 接通　　B. 切断　　C. 接通和切断。

2. 直流电动机的转矩与(　　)成正比。

   A. 电枢电流

   B. 磁极磁通

   C. 电枢电流及磁极磁通的乘积

3. 刚接点火开关起动挡时,起动机电磁开关线圈的情况是(　　)。

   A. 吸引线圈和保持线圈均通电,且产生同向磁场

   B. 吸引线圈和保持线圈均通电,但产生反向磁场

   C. 只有保持线圈通电,产生磁场。

4. 起动机电刷的高度低于原高度的(　　)时,应予更换。

   A. 1/3　　B. 1/2　　C. 2/3

5. 在起动机通电运转期间,其电磁开关线圈通电的是(　　)。

   A. 吸引线圈　　B. 保持线圈　　C. 吸引线圈和保持线圈

**三、判断题**(对下列说法,正确的在后面的括号中划“√”,错误的划“×”。每小题2分,共10分)

1. 一般起动机上使用的直流电动机因其励磁绕组与电枢绕组串联,故称为直流串励式电动机。 ( )
2. 直流电动机都是根据通电导体在磁场中受到电磁力作用这一原理工作的。 ( )
3. 永磁起动机最主要的特点是将普通串励电动机的磁场用永久磁铁来代替。 ( )
4. 起动机电磁开关的吸合电压,就是能够使起动机主电路接通的最低电压。应大于起动机额定电压的75%。 ( )
5. 现代汽车上,在发动机起动后,不管是否放松点火开关,起动机都会自动停止工作;若发动机正常运转,即使将点火开关扳至起动挡,起动机也不会投入工作。 ( )

**四、简答题**(每小题5分,共25分)

1. 请叙述无起动继电器的起动系的工作过程。

2. 直流串励式电动机在起动机上的作用是什么?

3. 起动机传动机构的作用是什么?

4. 良好的起动机进行空转试验时,运转情况应该是怎样的?

5. 装用自动变速器的汽车上,是如何实现起动保护的?

## 五、看图答题(每小题 5 分,共 25 分)

1. 习题图 4-20 是某起动机的结构图,请将图上的部件与其名称用直线连起来。

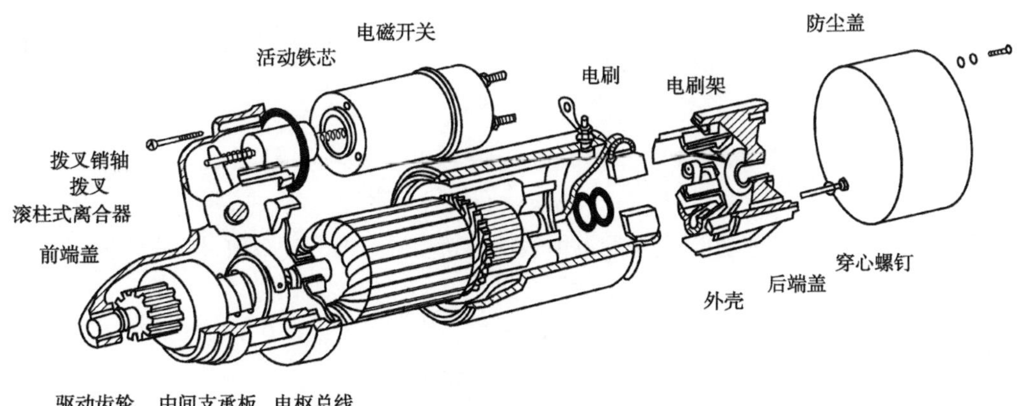


习题图 4-20

2. 习题图 4-21 是弹簧式离合器的结构图。

(1)请用直线将装配图的零件与图上方对应的零件连接;

(2)将图线所指零件的名称填写在相应数字序号后面或附近。

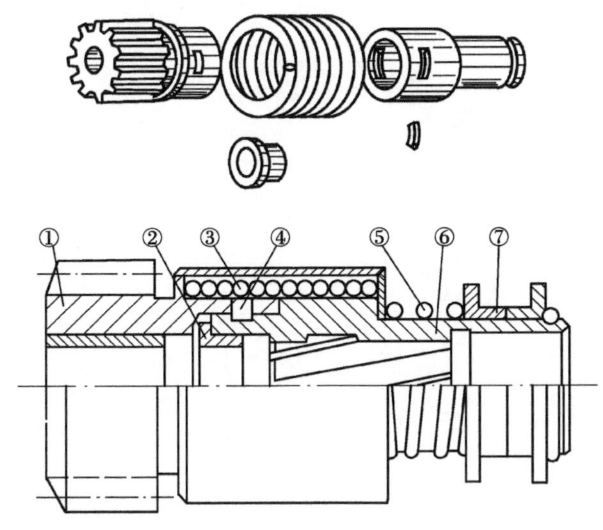


习题图 4-21

3. 习题图4-22是减速起动机采用的三种形式的减速装置，请将其名称文字与对应的减速装置用直线连接。

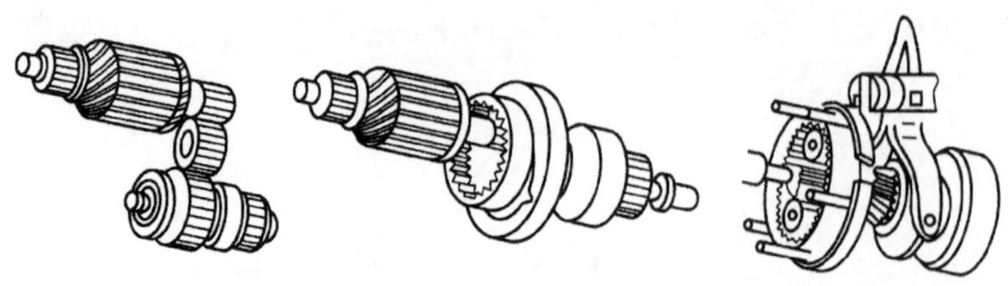

内啮合式　　外啮合式　　行星齿轮式

习题图 4-22

4. 习题图4-23所示的两图分别是用万用表检验起动机电枢的什么项目？正常值应为多少？

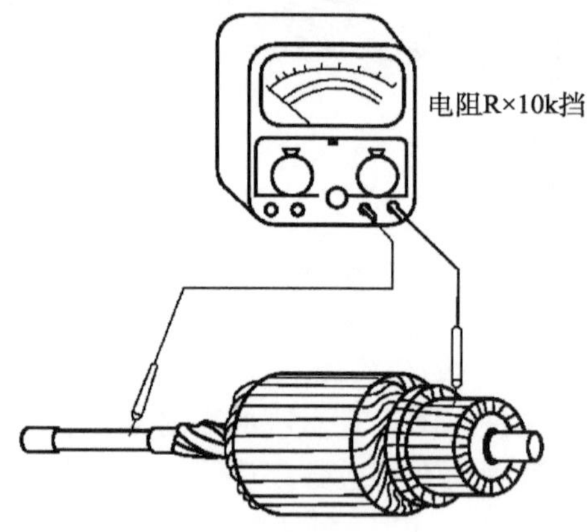


习题图 4-23

5. 照原理图（习题图4-24b），将a）图给出的部件连接成无起动继电器的起动电路。

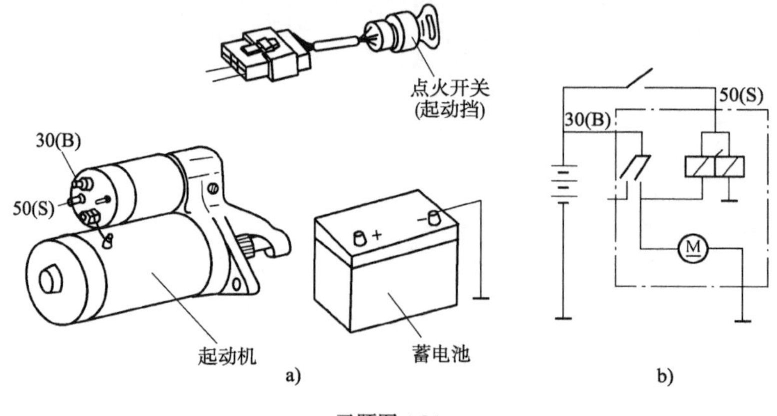


习题图 4-24

# 单元五
# 点　火　系

## 课题一　传统点火系

### 一、填空题

1. 汽油发动机点火系按其结构形式可分为__________、__________和__________三种类型。

2. 火花塞电极之间产生火花的电压称为__________。

3. 点火提前角是指从火花塞跳火开始到活塞运行到压缩行程上止点为止的一段时间内发动机__________所转过的角度。通常把发动机发出功率最大或油耗最小时的点火提前角称为__________。

4. 传统点火系主要由电源、__________、__________、分电器和火花塞、附加电阻及附加电阻短接装置、高低压导线等部件组成。

5. 传统点火线圈的作用是将蓄电池或发动机供给的低压电转变为15～20kV的高压电，按磁路结构的不同，点火线圈有__________和__________之分，__________广泛应用在传统点火系；__________多用于电子点火系和微机控制的点火系。

6. 传统点火系中的配电器由__________和__________组成。

7. 传统点火系的点火提前机构包括分电器内的__________和分电器外的__________，在发动机转速、负荷变化时，自动调节点火提前角。

8. 火花塞在钢制壳体的内部固定有__________，在绝缘体中心孔的上部有金属杆，中心孔的下部装有__________。

9. 火花塞的热特性主要取决于__________，根据火花塞裙部绝缘体的长度可以将火花塞分为__________、__________和__________3类。

10. 传统点火系中，当火花塞积碳时，极易造成能量泄漏，使__________明显下降，造成点火困难。

### 二、选择题（请将正确答案的序号填写在括号中）

1. 传统点火系断电触点间隙一般为（　　）。

A. 0.35～0.45mm　　B. 0.75～0.85mm　　C. 1.0～1.2 mm

2. 传统点火系断电触点打开时，次级绕组产生的电感电动势高达（　　）。

A. 300V　　B. 1.5 ~2.0kV　　C. 15 ~20kV

3. 传统点火系断电触点允许通过电流一般为(　　)。

A. 3 ~5A　　B. 5 ~10A　　C. 10A 以上

4. 在发动机转速升高时,传统点火系断电器触点闭合时间(　　)。

A. 缩短　　B. 延长　　C. 不变

5. 传统点火系高、低压电路的导线接触不良,都会增大导线的接触电阻,使得次级电压(　　)。

A. 降低　　B. 升高　　C. 不变

## 三、判断题(对下列说法,正确的在后面的括号中划"√",错误的划"×")

1. 断电器用来接通和切断点火线圈一次绕组,断电器凸轮由发动机凸轮轴驱动,即发动机曲轴每转两周,断电器凸轮转两周。(　　)

2. 传统点火系分电器的分火头安装在分电器的凸轮轴上,与分电器轴一起旋转。(　　)

3. 传统点火系的电容器与断电器触点串联,用来减小断电器触点断开瞬间产生的电火花,以免触点烧蚀、延长触点的使用寿命。(　　)

4. 热型火花塞绝缘体裙部长,火花塞受热面积大,散热困难。(　　)

5. 如果火花塞经常发生积炭,证明选用的火花塞过于"冷"了,应改用高热值。(　　)

6. 传统点火系附加电阻串联在低压电路中,附加电阻为正温度系数的热敏电阻,温度高时电阻变大,温度降低时,电阻变小。(　　)

7. 标准型火花塞的绝缘体裙部略缩入壳体端面,侧电极全遮盖中心电极,是使用最广泛的一种。(　　)

8. 解放 CA1092 型汽车采用突出型火花塞。(　　)

9. 桑塔纳、神龙富康汽车采用了多极型火花塞。(　　)

10. 若在发动机熄火后仍能工作一段时间,并伴有敲击声时,则为火花塞过"热",应改用高热值。(　　)

## 四、简答题

1. 简述柴油发动机和汽油发动机的混合气是如何点燃的?

2. 简述火花塞作用及要求。

3. 简述火花塞选用的基本原则。

4. 简述影响传统点火系次级电压的因素。

5. 简要说明点火系的作用是什么？

6. 简要说出对点火系的要求有哪些？

7. 发动机点火提前角过大和过小会带来什么影响？

8. 简述火花塞电极间隙大小对点火系的影响。

9. 传统点火系的工作过程可分为那几个阶段？

## 五、看图答题

1. 习题图 5-1 是传统点火系的组成，请将图中的图形符号与对应名称用直线连起来。

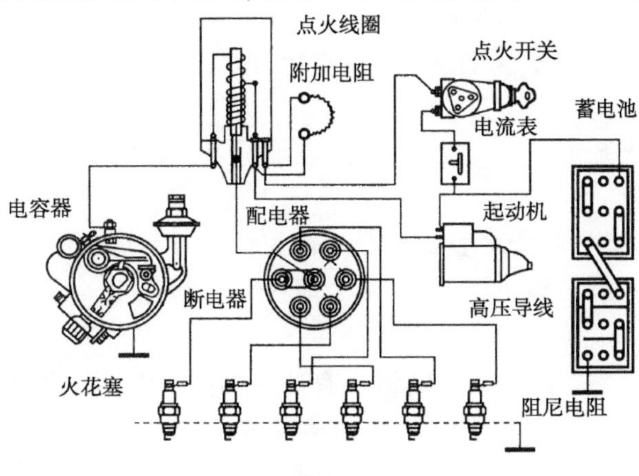


习题图 5-1

2. 习题图 5-2 是传统点火系工作原理图，请用箭头标出高压电路电流回路。

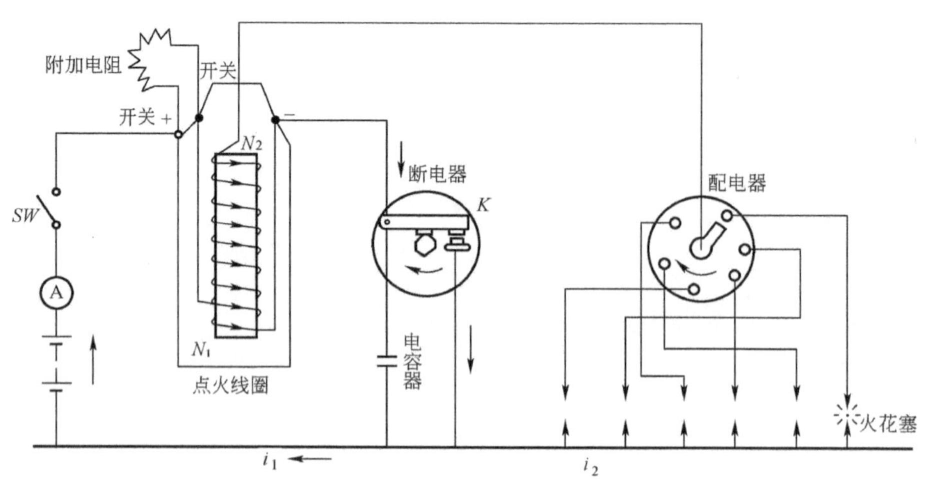


习题图 5-2

# 课题二 电子点火系

## 一、填空题

1. 电子点火系又称为半导体点火系，它是利用__________作为开关，接通和切断__________的点火系。

2. 汽车采用的电子点火装置按信号发生器的型式和工作原理可分为磁感应式、霍尔效应式、光电式、电磁振荡式等，其中__________和__________应用最多。

3. 有触点电子点火系是最早的一种电子点火系，它采用电子与机械相结合的结构形式，保留了分电器中的__________，利用__________来控制点火线圈初级电流，使次级电流较大，所产生的次级电压较高。

4. 电子点火系中的脉冲信号发生器取代传统点火系中分电器中的__________，它是一种将非电量转变为__________的装置。

5. 磁感应式电子点火系又称磁脉冲式电子点火系，其点火信号发生器是采用__________原理制成的

6. 霍尔式电子点火系由__________、点火控制器、点火线圈和火花塞等组成，在分电器中仍保留传统的配电器、__________和__________。

7. 发动机工作中，霍尔信号发生器触发叶轮的叶片时而进入空气隙，时而离开空气隙，使得信号发生器连续不断地输出__________，通过信号线送至__________进行触发并控制点火系的工作。

8. 霍尔式电子点火系中的点火控制器具有开关功能（接通和切断点火线圈初级绕组电路）、__________、__________和停车断电保护等功能。

9. 光电式电子点火系是利用光敏元件（光敏三极管或光敏二极管）的__________原理，

制成光电式点火信号发生器,借光束进行触发产生点火信号,输给__________以达到控制点火的目的。

10. 振荡式传感器由铁芯、__________、__________、耦合线圈 $L_3$ 和信号转子等组成。

## 二、选择题(请将正确答案的序号填写在括号中)

1. 电子点火系的磁感应式点火信号发生器装在分电器壳内,当信号转子凸齿与铁芯中心线对齐时,两者间具有(　　)的间隙。

A. 0.30～0.50mm　　B. 0.50～0.70mm　　C. 1.0～1.2mm

2. 磁感应式点火信号发生器当信号转子转动时,传感线圈内感应电动势的方向即发生交替变化,线圈两端输出的是交变信号,且信号转子每转一周产生(　　)交变信号。

A. 一个　　B. 两个　　C. 四个

3. 霍尔信号发生器是一个有源器件,它需要外加电压才能工作,此电压由点火控制器提供。霍尔信号发生器有(　　)引出线与点火控制器相连接。

A. 两根　　B. 三根　　C. 四根

## 三、判断题(对下列说法,正确的在后面的括号中划"√",错误的划"×")

1. 普通电子点火系的点火提前角靠机械点火提前装置进行控制,这些装置控制的点火提前角只是近似的。(　　)

2. 微机控制点火系由微机根据发动机曲轴转角、空气流量、节气门开度等发动机工况信息,对点火提前角进行精确的控制,使发动机性能更为优越。(　　)

3. 按储能方式不同可将电子点火装置分为电感点火系和电容点火系两大类。实际使用中多采用电容点火系。(　　)

## 四、简答题

1. 简述磁感应式点火信号发生器的原理。

2. 简述光电式电子点火系的工作原理。

3. 简述振荡式电子点火系的工作原理。

## 五、看图答题

习题图 5-3 是桑塔纳轿车霍尔式电子点火系组成及电路连接图,请将图中的图形符号与对应名称用直线连起来。

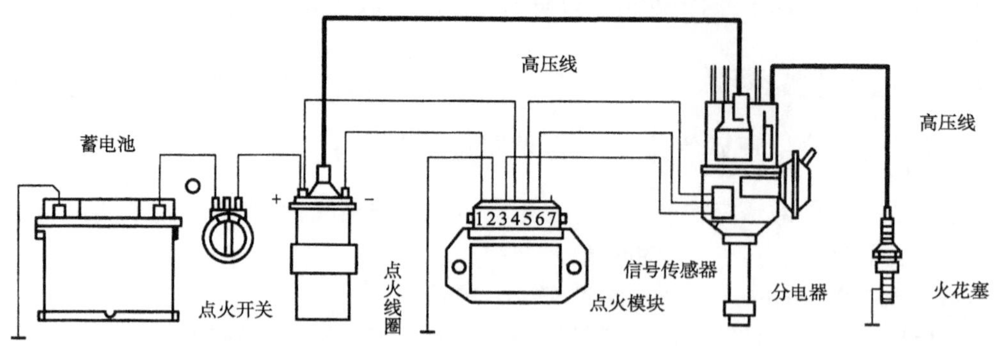


习题图 5-3

## 课题三　微机控制点火系

### 一、填空题

1. 微机控制点火系的功能主要包括__________、__________及爆燃控制三个方面。

2. 微机控制无分电器电子点火系又称为直接点火系,直接点火系又分__________和__________两种点火方式。

3. 为防止误点火,一般在高压电路中串联______________,点火线圈一次绕组在电流接通的瞬间所产生的高压电动势与二极管的极性______________,可以防止二次电路的误导通。

4. 直接点火系独立点火控制方式在发动机的每个气缸都配有一个闭磁路点火线圈,在点火控制器中,设置有与点火线圈__________数目的大功率三极管,分别控制每个线圈一次绕组电流的__________与__________。

5. 微机控制点火系一般都是由各种传感器、__________、点火控制器、__________、火花塞等组成。

6. 当发动机转速超过一定值时,点火提前角由 ECU 根据发动机__________和__________信号,从存储器的标定数据中找到相应的最佳基本点火提前角,再根据有关传感器信号值加以修正,得出实际点火提前角。

7. 点火线圈一次绕组电路导通的时间,称为__________。

8. 微机控制点火系的控制方式与电控燃油喷射系统一样,有__________和__________两种方式。

9. 在微机控制点火系中,通常将导通时间随发动机转速和电源电压变化的关系以数据或图表的形式储存于计算机的__________中,以便计算机随时读取,并对初级电路导通时间进行最佳控制。

10. 发动机爆震时,推迟点火提前角,每次调整都以一个__________的角度递减,直到爆震消失为止。

## 二、选择题(请将正确答案的序号填写在括号中)

1. 双缸同时点火是指发动机两个汽缸用(　　)点火线圈,点火线圈每产生一次高压电,使两个汽缸的火花塞同时跳火。

A. 一个　　B. 两个　　C. 四个。

2. 双缸同时点火的两个汽缸的工作过程应相差(　　)曲轴转角,即一个汽缸处于压缩行程的上止点,另一汽缸则处于排气上止点。

A. 180°　　B. 360°　　C. 720°

3. 在D型电控汽油喷射系统发动机上,将节气门后方的(　　)转变为电信号输入微机,微机则以此信号作为发动机的负荷信号,读取并计算基本点火提前角和喷油器基本喷油持续时间等。

A. 负压　　B. 正压　　C. 节气门开度

4. 桑塔纳2000GLI型轿车的初始提前角为(　　)。

A. 3°　　B. 8°　　C. 12°

5. 电感储能式点火系,二次电压最大值与一次电路断开时的电流值成(　　)。

A. 正比　　B. 反比　　C. 无关

## 三、判断题(对下列说法,正确的在后面的括号中划"√",错误的划"×")

1. 微机控制有分电器点火系,产生的高压电经过分电器中的配电器按照点火顺序分配给各汽缸,使各缸火花塞完成点火工作,这种点火系应用已经较少。(　　)

2. 爆震传感器反馈的爆震信号不能用来判断点火时刻的早晚,无法实现点火提前角的最佳控制。(　　)

3. 开磁路式点火线圈的能量转换率低,广泛应用在传统点火系;闭磁路式点火线圈的能量转换率高,多用于电子点火系和微机控制的点火系。(　　)

4. 曲轴位置、转角与转速传感器是输入活塞位置(如上止点)信号、曲轴转角及转速信号,它是微机控制点火系最基本的传感器,用于确定发动机基本点火提前角、点火时刻等。(　　)

5. 发动机起动时,转速较低,进气流量信号或进气歧管绝对压力信号不稳定,一般点火时刻固定在某一个初始点火提前角。(　　)

6. 微机控制点火系闭环控制不受发动机零件磨损、老化等使用因素影响,使发动机始终处在最佳点火状态,控制精度高。(　　)

7. 电感储能式点火系,当点火线圈的一次电路被接通后,一次电流是按指数规律增长的。(　　)

8. 爆震传感器检测发动机是否发生爆震以及爆震的强弱,并把爆震信号输入微机,由微机判定有无爆震以及爆震程度,以推迟点火角度。(　　)

9. 为了提高发动机转速的稳定性,在反馈修正油量减少、混合气变稀时,ECU适当地减小点火提前角。(　　)

10. 带有爆震控制功能的微机控制系统,发动机总是工作在爆震的临界点,发动机热效率最高,动力性、经济性也最好,但有害物排放量高。(　　)

## 四、简答题

1. 简要说出微机控制点火系的优点。

2. 请说出点火提前角的修正有哪些？分别针对什么参数修正？

## 五、看图答题

1. 习题图 5-4 是微机控制点火系的组成图，请将图中的电控系统三大部分组成分别用箭头指向实物。

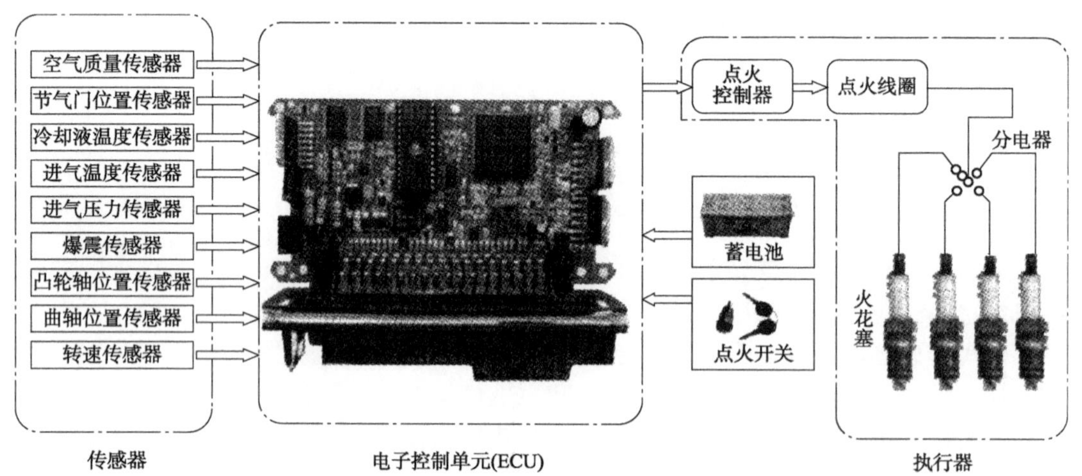


习题图 5-4

2. 习题图 5-5 是二极管分配式电子点火系工作原理图，请根据图中初级绕组和火花塞上电流流向分别用虚箭头和实箭头画出流经二极管的高压电电流方向。

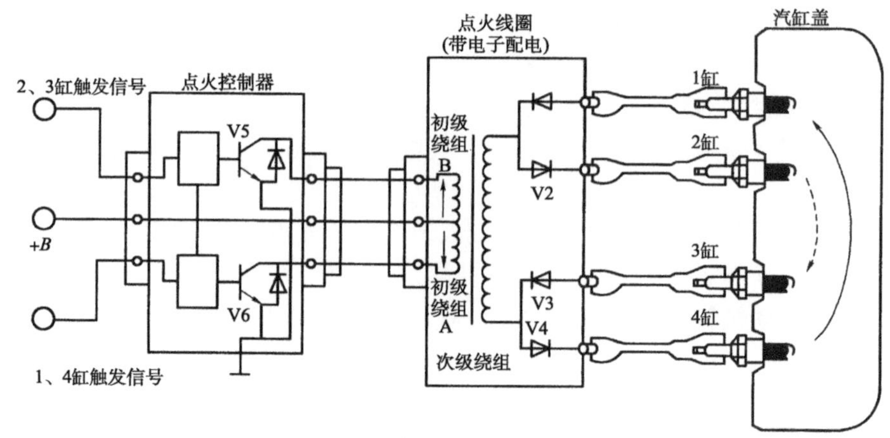


习题图 5-5

3. 习题图 5-6 是微机控制点火系爆震闭环控制方式,请将图中中心的文字,分别填入相应方框中。

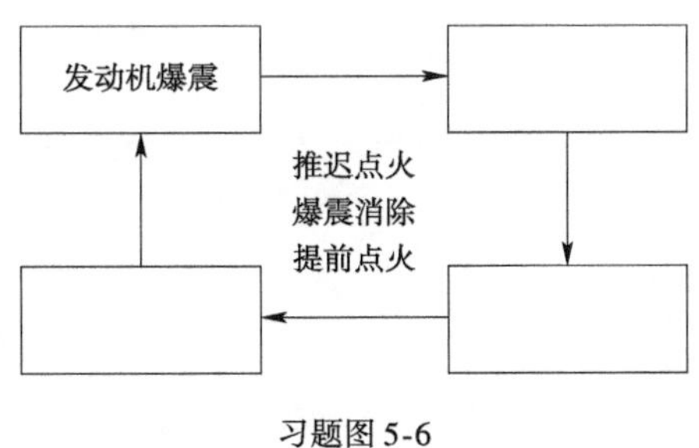


习题图 5-6

# 课题四　点火系的维护与故障诊断

## 一、填空题

1. 闭磁路点火线圈主要故障有一次或二次绕组__________、__________或搭铁,绝缘盖破裂。

2. 火花塞积碳是在火花塞旋入汽缸的部分,出现__________沉积物。

3. 用万用表检测桑塔纳 2000 轿车点火线圈正极对地电压,打开点火开关时应为________。

4. 用发光二极管测试灯,分别连接桑塔纳 2000 轿车发动机搭铁点和点火线圈上的插头做脉冲实验,这时接通起动机数秒,测试灯应同时闪烁。若测试灯不闪烁,应检查连接导线及__________。

5. 大众轿车点火系有故障或某缸不工作,首先用专用解码器 V. A. G1552 提取________。

## 二、判断题(对下列说法,正确的在后面的括号中划"√",错误的划"×")

1. 帕萨特的点火线圈与点火控制器组装在一起,点火线圈一次绕组的电阻无法测量。（　　）

2. 检查帕萨特点火系的 ECU 控制情况时可以用二极管灯检测。（　　）

3. 起动发动机,依次拔下喷油器端子,并观察发动机运转情况。若拔下某汽缸喷油器插头,发动机转速无任何变化,则该缸为无故障的汽缸。（　　）

4. 一汽大众捷达轿车点火线圈一次绕组电阻值为 0.52 ~ 0.76Ω。（　　）

5. 一汽大众捷达轿车点火线圈二次绕组电阻为 2.4 ~ 3.5 kΩ。（　　）

## 三、简答题

1. 闭磁路点火线圈常见什么故障？分别用什么方法检查？

2. 火花塞积炭的主要原因有哪些？排除方法是怎样的？

## 四、看图答题

习题图 5-7 是大众爆震传感器电路图，请在图中用圆圈分别圈出爆震传感器和爆震传感器的信号线。

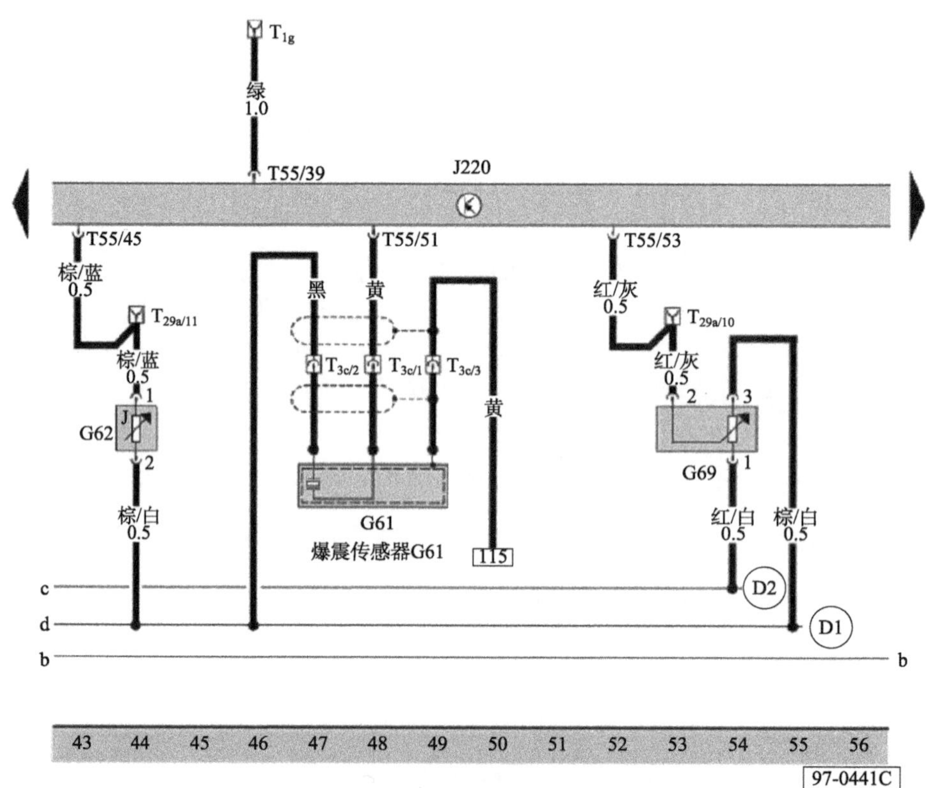


G61 —爆震传感器，在曲轴箱左侧

G62 —冷却温度传感器，在发动机左侧出水管上面

G69 —节气门位置传感器，在发动机右侧，进气歧管后部

J220 — Motronic发动机控制单元，在仪表板左侧下方

$T_{1g}$ —1针插头，黑色，检查怠速时用于测量点火提前角的专用接地插头，在蓄电池左侧支架旁

T3c —3针插头，蓝/白色，在发动机舱中间水管支架上

T29a —29针插头，白色，在左A柱旁

T55 —55针插头，黑色，在发动机控制单元上

(D1) —搭铁连接线，在发动机线束内

(D2) —正级连接线，在发动机线束内

习题图 5-7　Motronic 发动机控制单元、爆震传感器、冷却温度传感器、节气门位置传感器

# 单元考核试题

班级__________ 姓名__________ 学号__________ 成绩__________

## 一、填空题(每空 1.5 分,共 45 分)

1. 汽油机的点火时刻是用点火提前角来表示的。点火提前角是指从火花塞跳火开始到活塞运行到__________为止的一段时间内发动机__________所转过的角度。通常把发动机发出功率最大或油耗最小时的点火提前角称为__________。

2. 传统点火系统的点火提前机构包括分电器内的__________和分电器外的__________,发动机转速、负荷变化时,自动调节点火提前角。

3. 火花塞的热特性主要取决于__________,根据火花塞裙部绝缘体的长度可以将火花塞分为__________、__________和__________3 类。

4. 汽车采用的电子点火装置按信号发生器的型式和工作原理可分为磁感应式、霍尔效应式、光电式、电磁振荡式等,其中__________和__________应用最多。

5. 磁感应式电子点火系又称磁脉冲式电子点火系,其点火信号发生器是采用__________原理制成的。

6. 霍尔式电子点火系由__________、点火控制器、点火线圈和火花塞等组成,在分电器中仍保留传统的配电器、__________和__________。

7. 光电式电子点火系是利用光敏元件(光敏三极管或光敏二极管)的__________原理,制成光电式点火信号发生器,借光束进行触发产生点火信号,输给__________以达到控制点火的目的。

8. 电子点火系振荡式传感器由铁芯、__________、__________、耦合线圈 $L_3$ 和信号转子等组成。

9. 微机控制点火系一般都是由各种传感器、__________、点火控制器、__________、火花塞等组成。

10. 当发动机转速超过一定值时,点火提前角由 ECU 根据发动机__________和__________信号,从存储器的标定数据中找到相应的最佳基本点火提前角,再根据有关传感器信号值加以修正,得出实际点火提前角。

11. 发动机爆震时,推迟点火提前角,每次调整都以一个__________的角度递减,直到爆震消失为止。

12. 微机控制点火系的控制方式与电控燃油喷射系统一样,有__________和__________两种方式。

13. 用万用表检测桑塔纳 2000 轿车点火线圈正极对地电压,,打开点火开关时应为__________。

14. 用发光二极管测试灯,分别连接桑塔纳 2000 轿车发动机搭铁点和点火线圈上的插头做脉冲实验,这时接通起动机数秒,测试灯应同时闪烁。若测试灯不闪烁,应检查连接导线及__________。

15. 闭磁路点火线圈主要故障有一次或二次绕组__________、__________或搭铁，绝缘盖破裂。

## 二、选择题（请将正确答案的序号填写在括号中，每小题2分，共10分）

1. 传统点火系断电触点在发动机高速运转时触点闭合时间（　　）。

A. 缩短　　B. 延长　　C. 不变

2. 磁感应式点火信号发生器当信号转子转动时，传感线圈内感应电动势的方向即发生交替变化，线圈两端输出的是交变信号，且信号转子每转一周产生（　　）交变信号。

A. 一个　　B. 二个　　C. 四个

3. 霍尔信号发生器是一个有源器件，它需要外加电压才能工作，此电压由点火控制器提供。霍尔信号发生器有（　　）引出线与点火控制器相连接。

A. 三根　　B. 两根　　C. 四根

4. 双缸同时点火的两个汽缸的工作过程应相差（　　）曲轴转角，即一个汽缸处于压缩行程的上止点，另一汽缸则处于排气上止点。

A. 180°　　B. 360°　　C. 720°

5. 桑塔纳2000GLI型轿车的初始提前角为（　　）。

A. 3°　　B. 8°　　C. 12°

## 三、判断题（对下列说法，正确的在后面的括号中划"√"，错误的划"×"。每小题2分，共10分）

1. 传统点火系的电容器与断电器触点串联，用来减小断电器触点断开瞬间产生的电火花，以免触点烧蚀、延长触点的使用寿命。（　　）

2. 磁感应式点火信号发生器装在分电器壳内，发生器主要由导磁转子、感应线圈、定子、永久磁片等组成。（　　）

3. 霍尔信号发生器与点火控制器相连接，一根是提供电压的电源线，一根是霍尔信号输出线，还有一根是搭铁线。（　　）

4. 为了提高发动机转速的稳定性，在反馈修正油量减少、混合气变稀时，ECU适当地减小点火提前角。（　　）

5. 起动发动机，依次拔下喷油器端子，并观察发动机运转情况。若拔下某汽缸喷油器插头，发动机转速无任何变化，则该缸为无故障的汽缸。（　　）

## 四、简答题（每小题5分，共25分）

1. 对点火系的要求有哪些？

2. 火花塞电极间隙大小对点火系有什么影响？

3. 简述磁感应式号发生器的工作原理。

4. 请说出点火提前角的修正有哪些？分别针对什么参数修正？

5. 闭磁路点火线圈常见什么故障？分别用什么方法检查？

## 五、看图答题(每小题 5 分，共 10 分)

1. 习题图 5-8 桑塔纳轿车霍尔式电子点火系组成及电路连接图，请将图中的图形符号与对应名称用直线连起来。

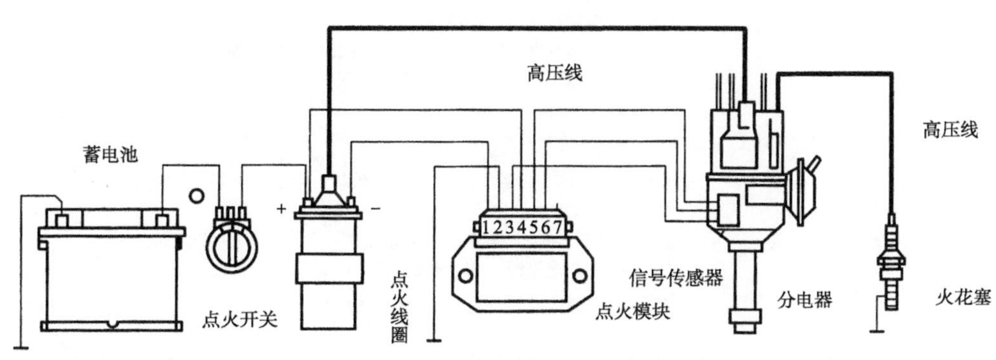


习题图 5-8

2. 习题图 5-9 是大众爆震传感器电路图,请在图中分别圈出爆震传感器和爆震传感器的信号线。

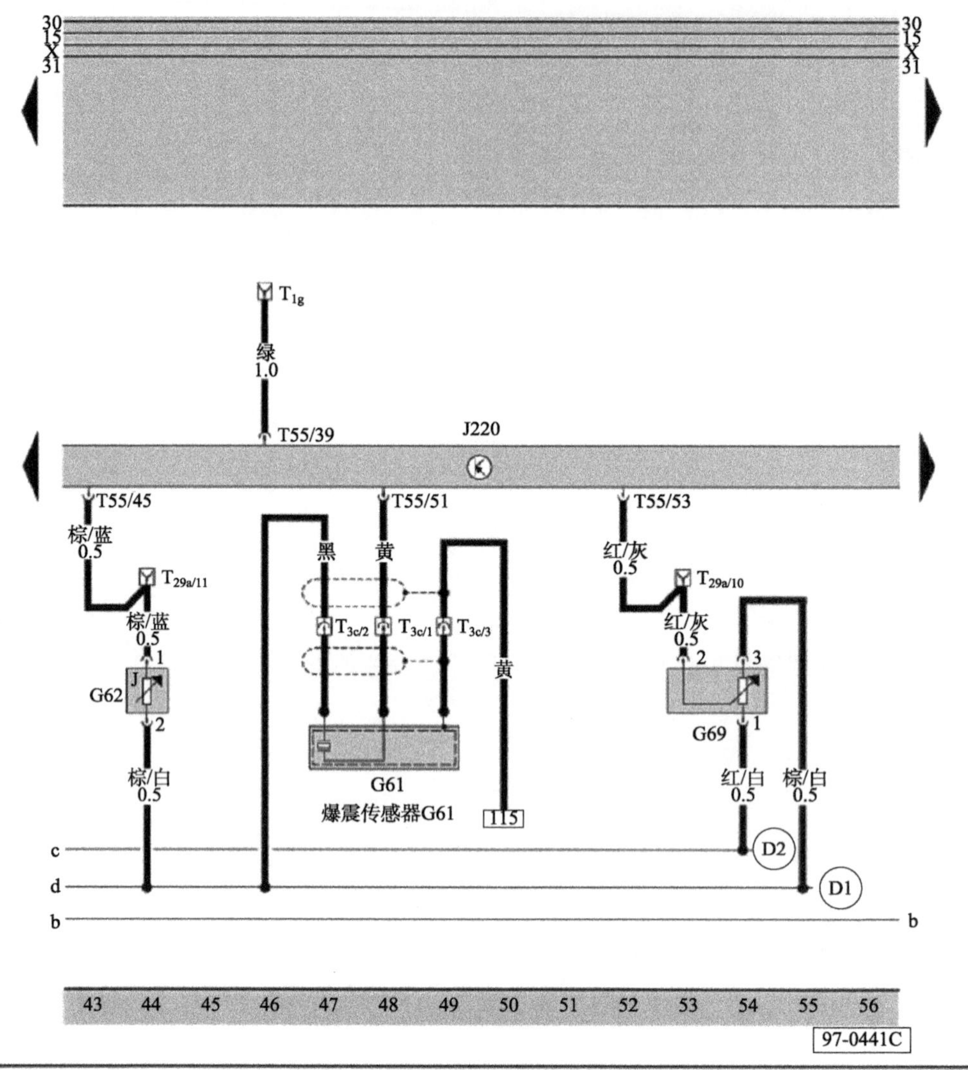


G61 — 爆震传感器，在曲轴箱左侧
G62 — 冷却温度传感器，在发动机左侧出水管上面
G69 —节气门位置传感器，在发动机右侧，进气歧管后部
J220 — Motronic发动机控制单元，在仪表板左侧下方
$T_{1g}$ — 1针插头，黑色，检查怠速时用于测量点火提前角的专用接地插头，在蓄电池左侧支架旁
T3c — 3针插头，蓝/白色，在发动机舱中间水管支架上
T29a—29针插头，白色，在左A柱旁
T55 — 55针插头，黑色，在发动机控制单元上
(D1) — 接地连接线，在发动机线束内
(D2) — 正级连接线，在发动机线束内

习题图 5-9 Motronic 发动机控制单元、爆震传感器、冷却温度传感器、节气门位置传感器

# 单元六
# 照明、信号、仪表与安全设备

## 课题一 照明装置

### 一、填空题

1. 汽车灯具按功能可分为__________和__________；按安装位置可分为__________和__________。

2. 汽车前照灯的光学系统包括__________、__________和__________三部分。

3. 汽车前照灯按光学组件结构的不同，可将其分为：__________、__________和__________前照灯三种。

4. 随着技术的进步，一些高档轿车上逐步配置了新型前照灯系统，主要有__________、__________和__________。

5. 在对汽车前照灯光束进行检测与调整时，主要的检测项目包括__________和__________。

### 二、选择题（请将正确答案的序号填写在括号中）

1. 下列汽车灯具中，不是照明灯具的是（　　）。

A. 前照灯　　B. 顶灯　　C. 小灯　　D. 仪表灯

2. GB 7258—2012《机动车运行安全技术条件》规定，空载，高（　　）m 以上的车辆均应安装示廓灯。

A. 3.0　　B. 4.0　　C. 5.0　　D. 2.0

3. 在调整汽车前照灯光束照射位置时，四灯制前照灯其远光单光束灯要求在屏幕上光束中心离地高度应为（　　）$H$（$H$ 为前照灯基准中心高度）。

A. 0.80 ~ 0.90　　B. 0.85 ~ 0.90　　C. 0.85 ~ 0.95　　D. 0.60 ~ 0.80

4. 自动追踪光轴式前照灯检验仪是一种在前照灯前方（　　）m 处用受光器自动追踪光轴的方法来进行检测的一种检验装置。

A. 4　　B. 3　　C. 6　　D. 5

5. 汽车高亮度弧光灯灯泡点燃达到正常工作温度后，可以节约（　　）的电能。

A. 30%　　B. 40%　　C. 50%　　D. 60%

## 三、判断题（对下列说法，正确的在后面的括号中划“√”，错误的划“×”）

1. 汽车后雾灯光色为橙黄色，用来提醒尾随车辆保持安全间距。 （ ）

2. 在相同功率情况下，汽车卤素灯的亮度是白炽灯的1.5倍，而寿命是白炽灯的2～3倍。 （ ）

3. 对在用汽车前照灯发光强度进行检测时，每只灯的发光强度应大于15000cd。 （ ）

4.《机动车运行安全技术条件》规定空载，高2.5m以上的车辆均应安装示廓灯。 （ ）

5. 四灯制前照灯远光光束测试时，远光光束离地高度应为$0.85H \sim 0.90H$。 （ ）

## 四、简答题

1. 简要回答汽车前照灯照明的基本要求是什么。

2. 如何用幕式检测法检测汽车前照灯光束照射位置？

3. 简述北京切诺基汽车照明系的特点。

## 五、看图答题

1. 习题图6-1为汽车常见外部灯具示意图，将给出的灯具名称与图示灯具用直线连接。

转向示位组合灯　　前照灯　　示廓灯　　前雾灯

习题图6-1

2. 习题图 6-2 是前照灯白炽灯泡结构示意图，将结构名称与对应部件连线。

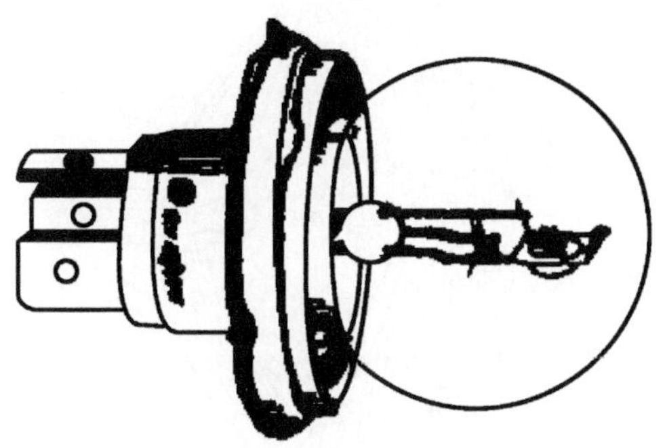


习题图 6-2

3. 习题图 6-3 是前照灯卤素灯泡 $H_1$、$H_2$、$H_3$、$H_4$的外形，将名称与对应的图形连线。

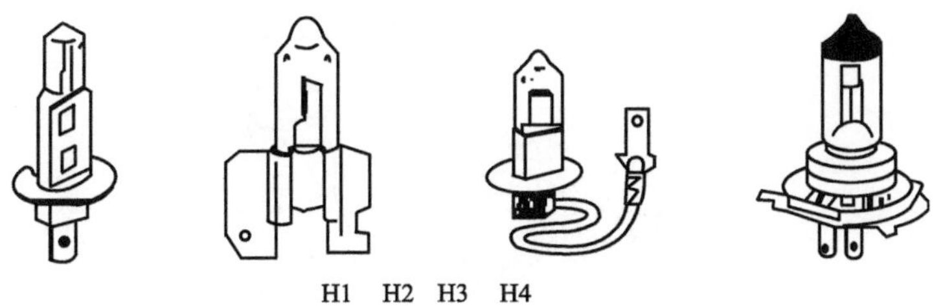


习题图 6-3

4. 习题图 6-4 为半封闭式前照灯分解图，将名称与对应部件连线。

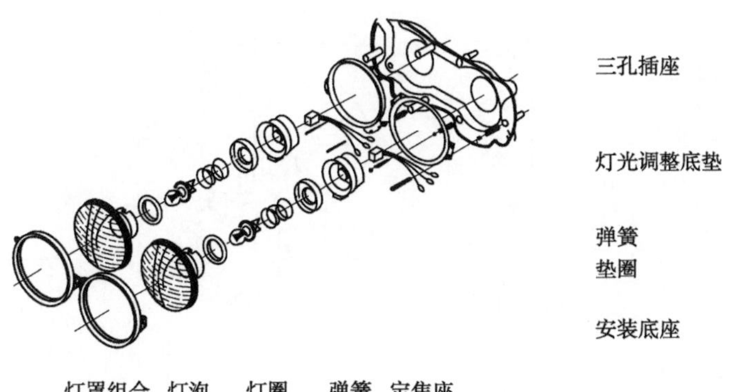


习题图 6-4

5. 习题图 6-5 为封闭式前照灯结构图，将部件与其名称连线。

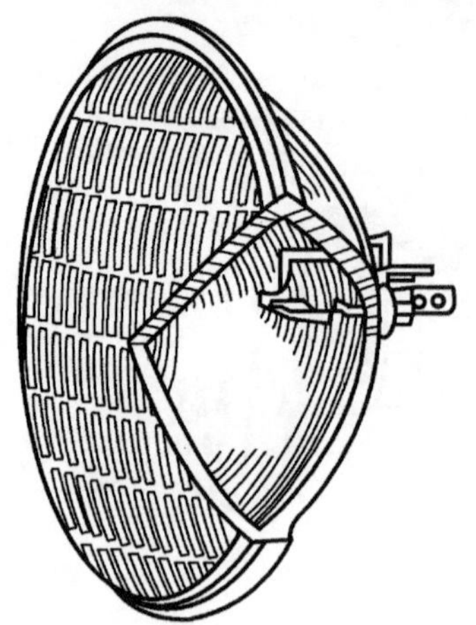

配光镜　反射镜　接头　灯丝

习题图 6-5

6. 习题图 6-6 为某汽车前照灯光束的调整部位示意图（由发动机舱内看），请将调整部位与调整方向对应连线。

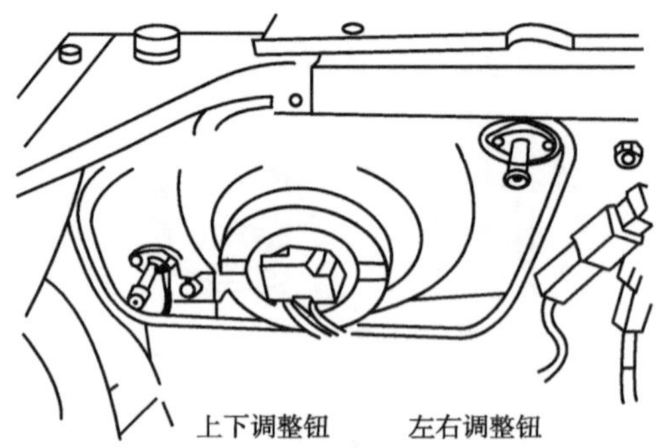

上下调整钮　左右调整钮

习题图 6-6

7. 习题图 6-7 为桑塔纳轿车照明电路图，根据电路图标出两个牌照灯的电流流向。

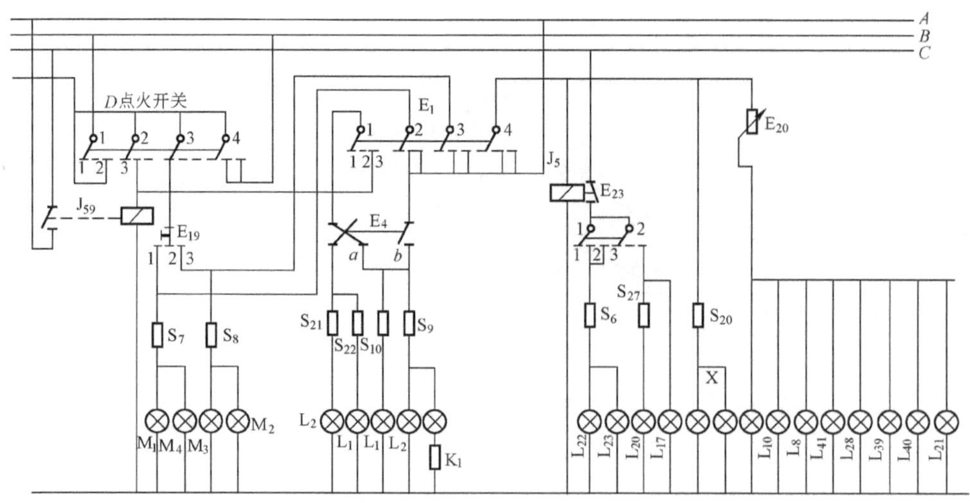


习题图 6-7

# 课题二　信号装置

## 一、填空题

1. 汽车上的信号装置有__________信号装置和__________信号装置。

2. 转向灯及危险报警灯电路由__________、__________、__________、__________和__________等部件组成。

3. 汽车转向信号闪光器种类主要有__________、__________、__________三种类型。

4. 汽车制动报警灯按照控制方式不同，可分为__________、__________和__________三种。

5. 汽车喇叭按照音频进行分类，主要有__________、__________两种。

## 二、选择题（请将正确答案的序号填写在括号中）

1. 下列汽车信号装置中，不属于灯光信号装置的是（　　）

A. 转向信号灯　　B. 倒车信号灯　　C. 制动信号灯　　D. 喇叭

2. 汽车螺旋形电喇叭为了减小触点张开时的电火花，避免触点烧蚀，在触点间（　　）了灭弧电容。

A. 并联　　B. 串联　　C. 串并联　　D. 都不正确

3. 以下不是汽车电喇叭按照外形进行分类的是（　　）。

A. 螺旋形　　B. 筒形　　C. 双线制　　D. 盆形

## 三、判断题（对下列说法，正确的在后面的括号中划“√”，错误的划“×”）

1. 汽车电容式闪光器具有性能稳定、可靠性高、寿命长等特点，现正在广泛使用。（　　）

2. 消防车、救护车上的音响报警装置属于音响信号装置。（　　）

3. 汽车后部的倒车灯由装在变速器上的倒挡开关控制。（　　）

4. 汽车电子电喇叭无触点，主要利用晶体管电路产生的脉冲激励膜片振动产生声音。（　　）

## 四、简答题

简要回答转向灯及危险警告报警灯组成及作用。

## 五、看图答题

1. 习题图 6-8 为倒车信号电路示意图，根据给出的选项进行连线。

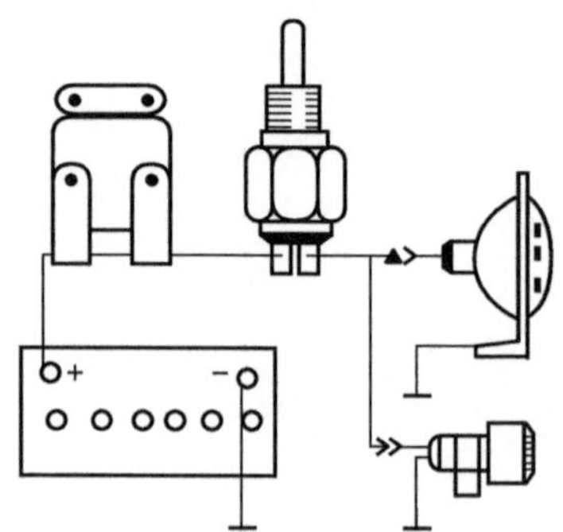


习题图 6-8

2. 习题图 6-9 为电喇叭分类示意图，请将名称与外形连线。

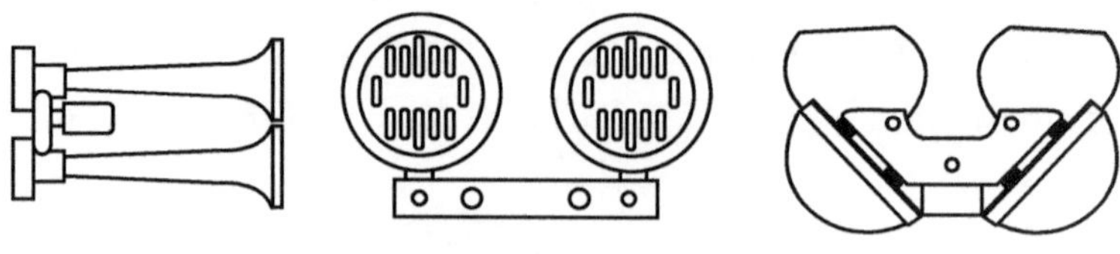


习题图 6-9

3. 盆形电喇叭音调、音量调整图如习题图 6-10 所示，根据给出的选项进行连线。

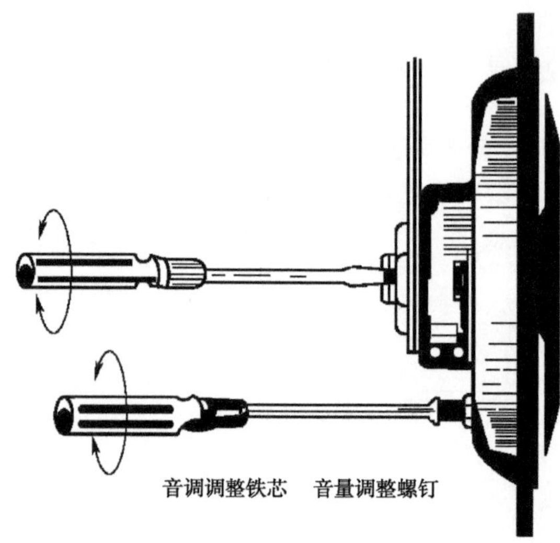


习题图 6-10

# 课题三　汽车常见仪表及电子显示装置

## 一、填空题

1. 汽车常用电流表的结构可分为__________和__________两种。

2. 汽车电流表在接线时,电流表的"-"应与蓄电池的__________相连,电流表的"+"接线柱与发电机的__________相连。

3. 汽车车速里程表由__________和__________两部分组成。

4. 汽车仪表板上的报警装置由__________和__________组成。

5. 汽车用仪表稳压器常见的有__________和__________两类。

## 二、选择题(请将正确答案的序号填写在括号中)

1. 水温表的作用是指示发动机冷却水的温度,正常指示值一般为(　　)

A. 80~85℃　　B. 85~90℃　　C. 80~105℃　　D. 95~105℃ 。

2. 奥迪轿车采用的仪表稳压器,其输出电压为(　　)伏。

A. 9.5~10.5　　B. 8~9　　C. 7~9　　D. 8.5~9

3. 下列(　　)不是电子式转速表获取转速信号的方式

A. 点火系　　B. 飞轮　　C. 凸轮轴　　D. 发动机

## 三、判断题(对下列说法,正确的在后面的括号中划"√",错误的划"×")

1. 电流表只用来指示蓄电池的充电电流值。(　　)

2. 汽车机油表安装时,必须注意接线柱的绝缘良好,拆卸时不能敲打或碰撞。(　　)

3. 电热式油压传感器安装时,壳上的箭头符号与垂直中心线的夹角不得小于30°。(　　)

4. 磁感应式车速里程表,车速越高,感应罩带着指针偏转的角度越大,指示的车速值也越大。(　　)

5. 在汽车用电设备中,起动机等大电流均通过电流表。(　　)

## 四、简答题

汽车仪表电子显示装置的优点有那些?

## 五、看图答题

磁感应式车速里程表的结构如习题图 6-11 所示，根据给出的选项进行连线。

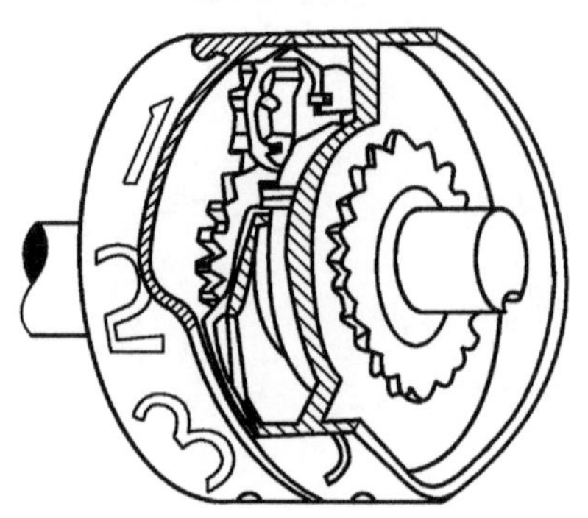

计算齿轮　计算鼓　托架　青铜衬套

习题图 6-11

# 课题四　电动车窗、电动后视镜及电动座椅

## 一、填空题

1. 汽车电动车窗一般由__________、__________、__________、__________和__________等组成。

2. 汽车电动后视镜一般由__________、__________、__________、__________、__________及__________等组成。

3. 汽车电动座椅控制开关主要有__________、__________、__________三种。

## 二、选择题（请将正确答案的序号填写在括号中）

1. 桑塔纳 2000 电动车窗点火开关处于 OFF 时，延时继电器自动延时（　　）s 后切断所有电动车窗的搭铁端。

A. 40　　B. 50　　C. 60　　D. 30

2. 电动座椅的滑动量（调节范围）由固定在螺杆上的挡块来决定，乘客座椅的最大滑动量约为（　　）mm。

A. 210　　B. 240　　C. 220　　D. 230

## 三、判断题（对下列说法，正确的在后面的括号中划"√"，错误的划"×"）

1. 桑塔纳 2000 系列轿车采用的永磁直流电机，是通过改变电枢电流的方向来改变电动机的旋转方向使车窗玻璃升或降。（　　）

2. 汽车电动后视镜方向调整可通过控制两个电机来使镜面产生 2 个不同方位的位置调整。（　　）

3. 奥迪 A5 全景天窗通过 CAN 线与舒适系统中央控制单元 J393 进行通信。 （ ）

## 四、简答题

根据桑塔纳 2000 电动后视镜电路图（习题图 6-12），简述如何调整右外侧电动后视镜。

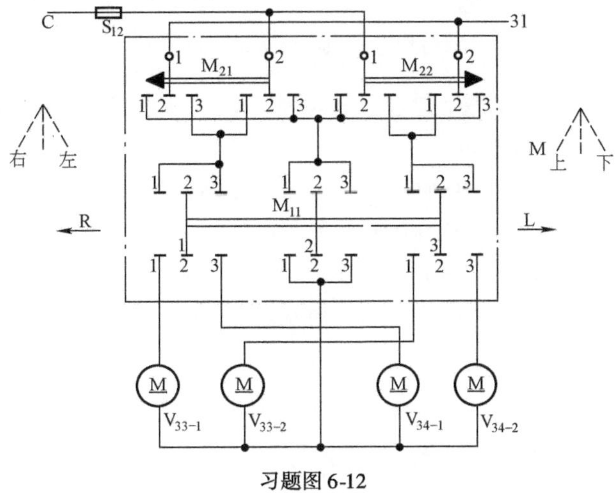


习题图 6-12

## 五、看图答题

习题图 6-13 为桑塔纳 2000 系列轿车电动车门玻璃升降器结构，根据给出的选项连线。

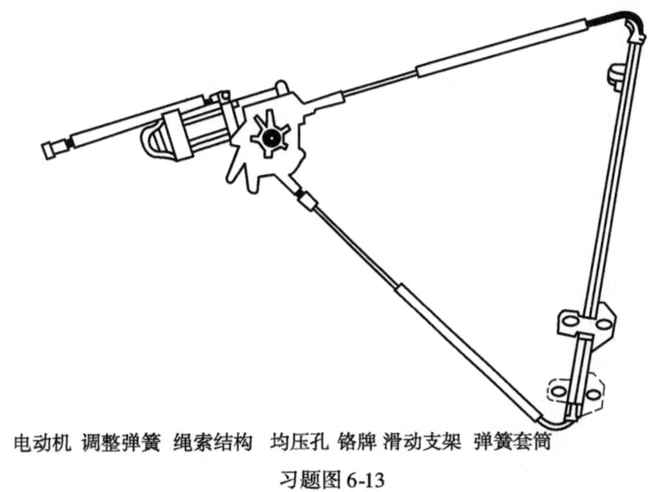


习题图 6-13

# 课题五　刮水器与洗涤装置

## 一、填空题

1. 汽车刮水器根据其动力不同可分为__________、__________、__________三种。
2. 汽车刮水器电动机按其磁场结构不同分为__________和__________两种。
3. 汽车风窗洗涤装置按照控制方式不同分为__________、__________、__________

三种。

4. 汽车刮水器的间歇控制电路有多种形式，按照间歇时间是否可调有__________和__________之分。

5. 汽车风窗洗涤装置的洗涤泵一般由__________和__________组装成一体。

## 二、选择题（请将正确答案的序号填写在括号中）

1. 汽车刮水器的可调式间歇控制电路是指刮水器控制电路能使汽车刮水器根据(　　)大小自动关闭，并自动调节间歇时间。

A. 雨量　　B. 通电时间　　C. 光线强度　　D. 洗涤液

2. 风窗洗涤泵的喷射压力一般可达到(　　)kPa。

A. 70～80　　B. 75～80　　C. 75～88　　D. 70～88

3. 桑塔纳轿车操作刮水器进行刮水时，刮水器无反应，下列(　　)损坏不可能造成该故障。

A. 中间继电器　　B. 刮水开关　　C. 洗涤泵　　D. 刮水电机

## 三、判断题（对下列说法，正确的在后面的括号中划"√"，错误的划"×"）

1. 汽车永磁式刮水电机由于体积小、质量轻、噪声小等优点，得到广泛应用。　(　　)

2. 汽车可以通过改变永磁式刮水电动机的磁场强度来改变刮水电动机的转速。(　　)

3. 汽车刮水器的间歇控制一般是利用自动复位装置和电子振荡电路或集成电路实现的。　(　　)

4. 汽车风窗洗涤装置的电动洗涤泵都是安装在储液罐上。　(　　)

5. 汽车永磁式三刷电动机是利用三个电刷来改变并联在与B1、B2与B3之间的不同电枢绕组数来实现变速的。　(　　)

## 四、简答题

根据桑塔纳轿车风窗刮水器及洗涤装置的控制电路（见习题图6-14），分析桑塔纳轿车刮水器快速挡（其开关$E_{22}$在1位时）工作过程。

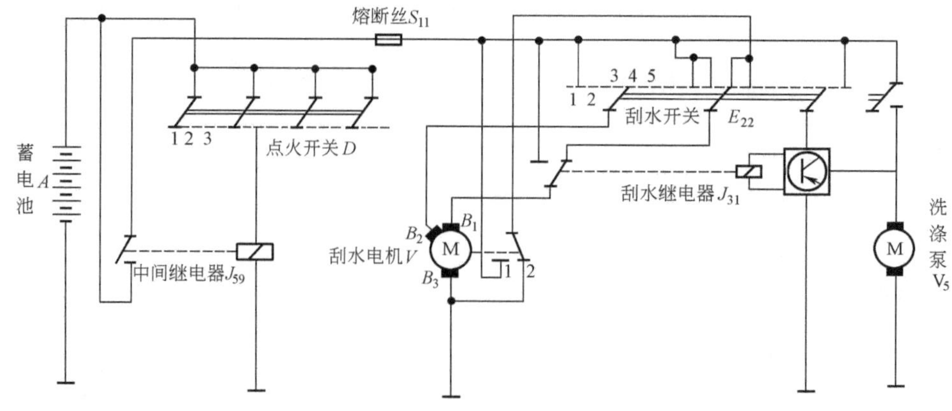


习题图6-14

## 五、看图答题

习题图 6-15 为风窗洗涤装置的构造图，根据给出的选项连线。

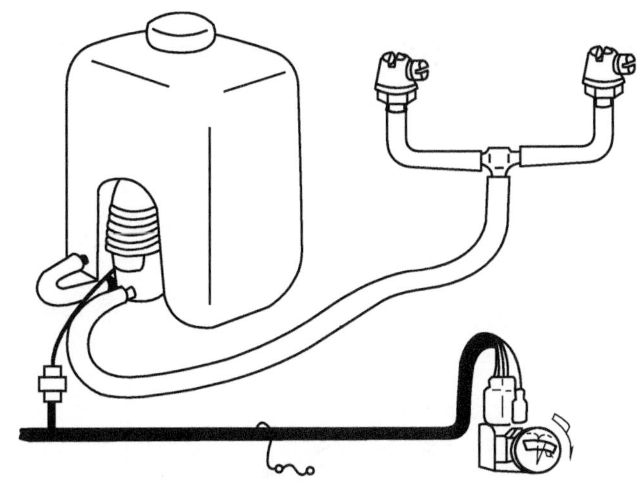

储液罐　电动洗涤泵　熔断器　刮水开关　输液管　喷嘴　三通接头

习题图 6-15

# 课题六　中央门锁与防盗报警系统

## 一、填空题

1. 汽车中央门锁系统一般由__________、__________和__________组成。

2. 汽车门锁控制器是为门锁执行机构提供__________的控制装置。

3. 汽车门锁控制器常用形式有__________、__________和__________三种。

4. 汽车电子式防盗装置按照密码输入方式不同可分为__________、__________、__________、__________和__________等五种电子锁。

5. 在汽车上为了增强防盗报警系统控制功能有__________、__________和__________三种方法。

## 二、判断题（对下列说法，正确的在后面的括号中划"√"，错误的划"×"）

1. 所有汽车的中控门锁系统在都是在驾驶室车门上装有门锁总开关。（　　）

2. 汽车门锁执行机构都是通过改变极性转换其运动方向从而执行锁门或开门动作。（　　）

3. 晶体管式门锁控制器利用电容器的充放电过程控制一定的脉冲电流持续时间，使执行机构完成锁门和开门动作。（　　）

4. 桑塔纳 2000GSI 型轿车防盗器控制单元有一个 18 位识别号码和 4 位数的密码。（　　）

5. 桑塔纳 2000GSI 型轿车通过电子应答来判断用户使用的钥匙是否合法，并以此确定是否允许发动机控制器工作。 （　　）

## 三、简答题

简述桑塔纳 2000GSI 轿车防盗系统的组成及工作原理。

## 四、看图答题

习题图 6-16 为桑塔纳 2000GSI 型轿车防盗系统的组成图，根据给出的选项连线。

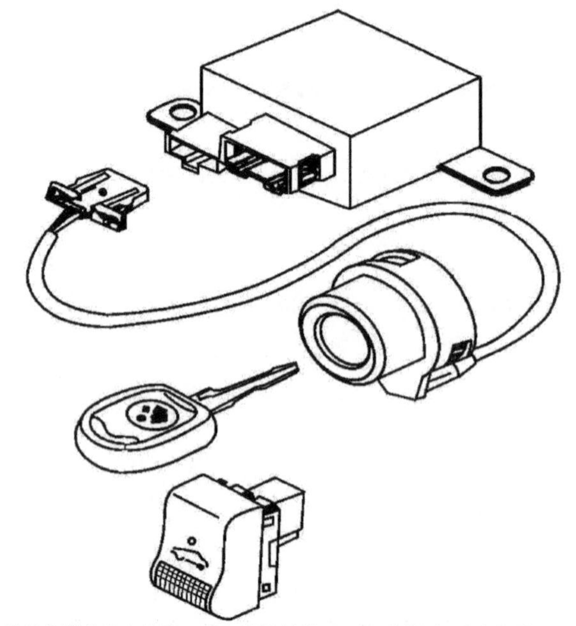

带转发器的汽车钥匙　防盗器控制单元　识读线圈　防盗器警告灯

习题图 6-16

# 课题七　汽车音响、视频和导航装置

## 一、填空题

1. 汽车收音机由__________、__________和__________三部分组成。

2. 汽车 CD 唱机主要包括__________、__________、__________、__________、__________和__________等数字信号处理系统及系统控制等。

3. 汽车内常见的数据接口有__________、__________、__________、__________等。

4. 丰田车载导航仪主要由__________、__________、__________、__________等组成。

5. USB 接口用于规范__________和__________的连接和通信。

## 二、选择题(请将正确答案的序号填写在括号中)

1. USB 接口 4 条线颜色一般的排列方式从左到右依次是(　　)。

A. 红、黑、绿、白　　B. 红、白、绿、黑　　C. 黑、白、红、绿　　D. 黑、绿、白、红

2. GPS 系统共发射(　　)颗卫星覆盖全世界,实现全球定位。

A. 23　　B. 24　　C. 25　　D. 26

## 三、判断题(对下列说法,正确的在后面的括号中划"√",错误的划"×")

1. 车载 AUX 接口的直径是 3.5mm,当播放设备的输出接口是同样规格时,用单对单的 3.5mm 音频线即可,正反顺序不能错。(　　)

2. USB 接口的输出电压是 5V,电流是 500mA。(　　)

3. 车载 DVD 在使用时要先发动发动机再开机,关闭时,不用关闭页面,直接关机即可。(　　)

4. 为了满足定位要求,通常 GPS 采用 4 颗卫星,完成被定位物体所在的经度、纬度和海拔高度。(　　)

## 四、简答题

车载 DVD 有哪些特点?

## 五、看图答题

习题图 6-17 为 USB 接口连接头示意图,根据给出的选项连线。

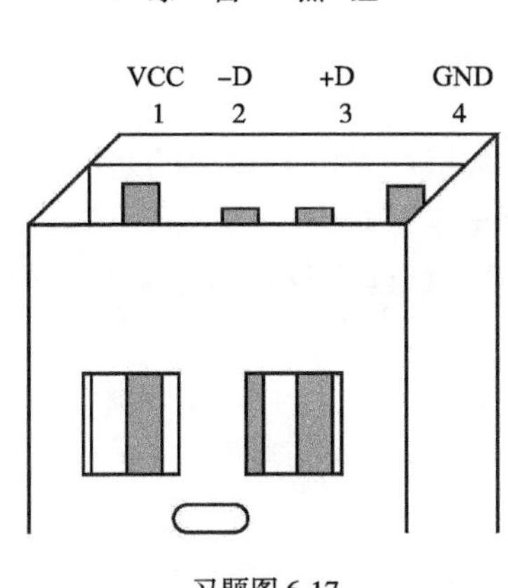


习题图 6-17

# 单元考核试题

班级＿＿＿＿＿＿　姓名＿＿＿＿＿＿　学号＿＿＿＿＿＿　成绩＿＿＿＿＿＿

## 一、填空题(30 分,每空 1 分)

1. 汽车前照灯的光学系统包括＿＿＿＿＿＿、＿＿＿＿＿＿和＿＿＿＿＿＿三部分。

2. 汽车制动报警灯按照控制方式不同,可分为＿＿＿＿＿＿、＿＿＿＿＿＿和＿＿＿＿＿＿三种。

3. 汽车仪表板上的报警装置由＿＿＿＿＿＿和＿＿＿＿＿＿组成。

4. 汽车电动车窗一般由＿＿＿＿＿＿、＿＿＿＿＿＿、＿＿＿＿＿＿、＿＿＿＿＿＿和＿＿＿＿＿＿等组成。

5. 汽车电动座椅控制开关主要有＿＿＿＿＿＿、＿＿＿＿＿＿、＿＿＿＿＿＿三种。

6. 汽车玻璃刮水器根据其动力不同可分为＿＿＿＿＿＿、＿＿＿＿＿＿、＿＿＿＿＿＿三种。

7. 汽车风窗洗涤装置按照控制方式不同分为＿＿＿＿＿＿、＿＿＿＿＿＿、＿＿＿＿＿＿三种。

8. 汽车中央门锁系统一般由＿＿＿＿＿＿、＿＿＿＿＿＿和＿＿＿＿＿＿组成。

9. 在汽车上为了增强防盗报警系统控制功能有＿＿＿＿＿＿、＿＿＿＿＿＿和＿＿＿＿＿＿三种方法。

10. USB 接口用于规范＿＿＿＿＿＿和＿＿＿＿＿＿的连接和通信。

## 二、选择题(请将正确答案的序号填写在括号中。10 分)

1. 在调整汽车前照灯光束照射位置时,四灯制前照灯其远光单光束灯要求在屏幕上光束中心离地高度应为(　　)$H$($H$ 为前照灯基准中心高度)。

A. 0.80 ~ 0.90　　B. 0.85 ~ 0.90　　C. 0.85 ~ 0.95　　D. 0.60 ~ 0.80

2. 自动追踪光轴式前照灯检验仪是一种在前照灯前方(　　)m 处用受光器自动追踪光轴的方法来进行检测的一种检验装置。

A. 4　　B. 3　　C. 6　　D. 5

3. 下列汽车信号装置中,不属于灯光信号装置的是(　　)

A. 转向信号灯　　B. 倒车信号灯　　C. 制动信号灯　　D. 喇叭

4. 汽车螺旋形电喇叭为了减小触点张开时的电火花,避免触点烧蚀,在触点间(　　)了灭弧电容。

A. 并联　　B. 串联　　C. 串并联　　D. 以上都不正确

5. 水温表的作用是指示发动机冷却水的温度,正常指示值一般为(　　)

A. 80 ~ 85℃　　B. 85 ~ 90℃　　C. 80 ~ 105℃　　D. 95 ~ 105℃

6. 奥迪轿车采用的仪表稳压器,其输出电压为(　　)V。

A. 9.5 ~ 10.5　　B. 8 ~ 9　　C. 7 ~ 9　　D. 8.5 ~ 9

7. 桑塔纳 2000 电动车窗点火开关处于 OFF 时,延时继电器自动延时(　　)s 后切断所有电动车窗的搭铁端。

A. 40　　B. 50　　C. 60　　D. 30

8. 风窗洗涤泵的喷射压力一般可达到(　　)kPa。

A. 70 ~ 80　　B. 75 ~ 80　　C. 75 ~ 88　　D. 70 ~ 88

9. 桑塔纳轿车操作刮水器进行刮水时，刮水器无反应，下列(　　)损坏不可能造成该故障。

A. 中间继电器　　B. 刮水开关　　C. 洗涤泵　　D. 刮水电机

10. USB 接口 4 条线颜色一般的排列方式从左到右依次是(　　)

A. 红、黑、绿、白　　B. 红、白、绿、黑　　C. 黑、白、红、绿　　D. 黑、绿、白、红

## 三、判断题(对下列说法，正确的在后面的括号中划"√"，错误的划"×"。10 分)

1. 汽车后雾灯光色为橙黄色，用来提醒尾随车辆保持安全间距。(　　)

2. 在相同功率情况下，汽车卤素灯的亮度是白炽灯的 1.5 倍，而寿命是白炽灯的 2 ~ 3 倍。(　　)

3. 汽车电子电喇叭无触点，主要利用晶体管电路产生的脉冲激励膜片振动产生声音。(　　)

4. 电热式油压传感器安装时，一定要使外壳上的箭头符号向上，与垂直中心线的夹角不得小于 30°。(　　)

5. 磁感应式车速里程表，车速越大，感应罩带着指针偏转的角度越大，指示的车速值也越大。(　　)

6. 桑塔纳 2000 系列轿车采用的永磁直流电机，是通过改变中枢电流的方向来改变电动机的旋转方向使车窗玻璃升或降。(　　)

7. 汽车电动后视镜方向调整可通过控制两个电机来使镜面产生 2 个不同方位的位置调整。(　　)

8. 汽车永磁式三刷电动机是利用三个电刷来改变并联在与 B1、B2 与 B3 之间的不同电枢绕组数来实现变速的。(　　)

9. 桑塔纳 2000GSI 型轿车通过电子应答来判断用户使用的钥匙是否合法，并以此确定是否允许发动机控制器工作。(　　)

10. 为了满足定位要求，通常 GPS 采用 4 颗卫星，完成被定位物体所在的经度、纬度和海拔高度。(　　)

## 四、简答题(40 分)

1. 简要回答汽车前照灯照明的基本要求是什么。(5 分)

2. 根据桑塔纳 2000 电动后视镜电路图(习题图 6-18)，简述如何调整右外侧电动后视

镜。(5 分)

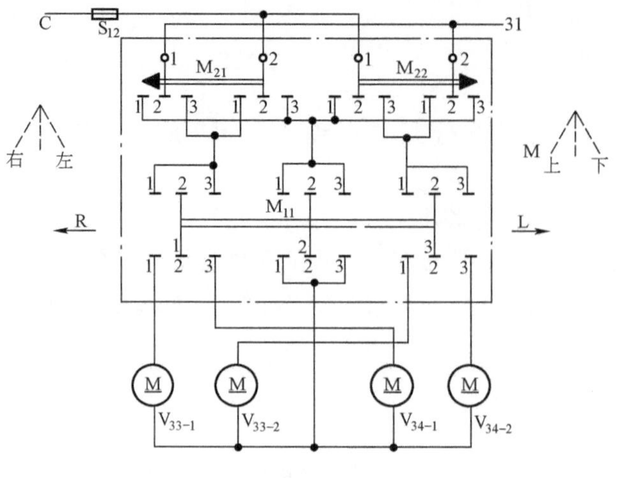


习题图 6-18

3. 汽车仪表电子显示装置的优点有哪些？(10 分)

4. 根据桑塔纳轿车风窗刮水器及洗涤装置的控制电路(见习题图 6-19)，分析桑塔纳轿车刮水器快速挡(其开关 $E_{22}$ 在 1 位时)工作过程。(10 分)

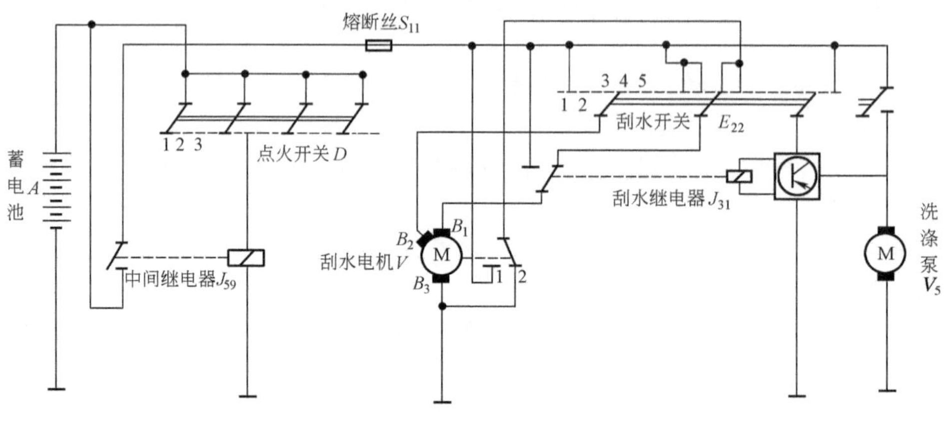


习题图 6-19

5. 简要叙述转向灯及危险警告报警灯组成及作用。(10 分)

## 五、看图答题(10 分)

1. 习题图 6-20 为半封闭式前照灯分解图，请将部件名称与对应部件连线。

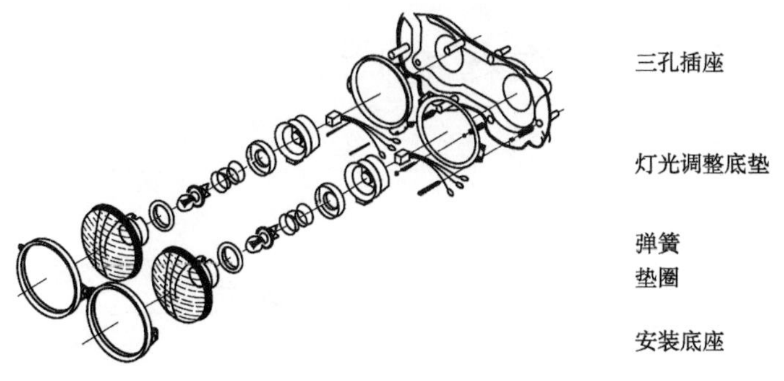


习题图 6-20

2. 习题图 6-21 为桑塔纳 2000 系列轿车电动车门玻璃升降器结构，根据给出的选项进行连线。

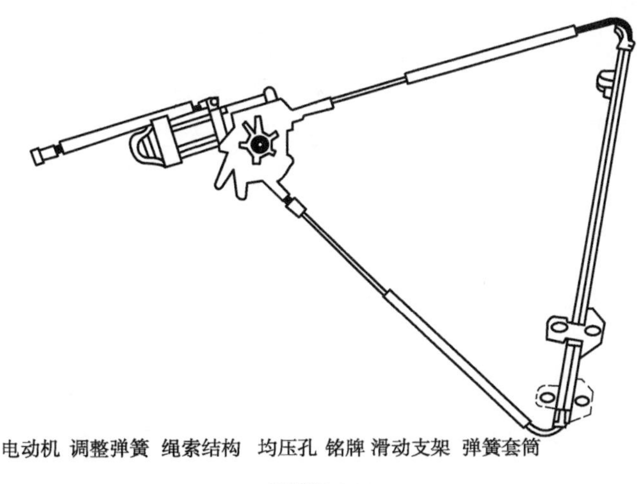


习题图 6-21

# 单元七
# 汽车空调系统

## 课题一 汽车暖风装置

### 一、填空题

1. 水暖式加热系统是利用__________作为热源，将__________引入热交换器，用__________将车厢内的空气吹过热交换器从而使之升温。

2. 水暖式加热装置有两种，一种是__________；另一种是__________。

3. 独立热源式加热系统是在__________里燃烧__________、__________、__________等燃料，将产生的__________输送到车内，而燃烧的废气则排到大气中。

4. 独立热源气暖式加热装置由__________、__________、__________、__________等几部分组成。

### 二、简答题

1. 简述汽车空调系统的组成及各部分的功能。

2. 水暖式加热系统是如何工作的？

3. 简要说出独立热源气暖式加热系统的结构及工作过程。

## 三、看图答题

习题图 7-1 是水暖式加热系统的构造图，请将图中的图形符号与对应名称用直线连起来。

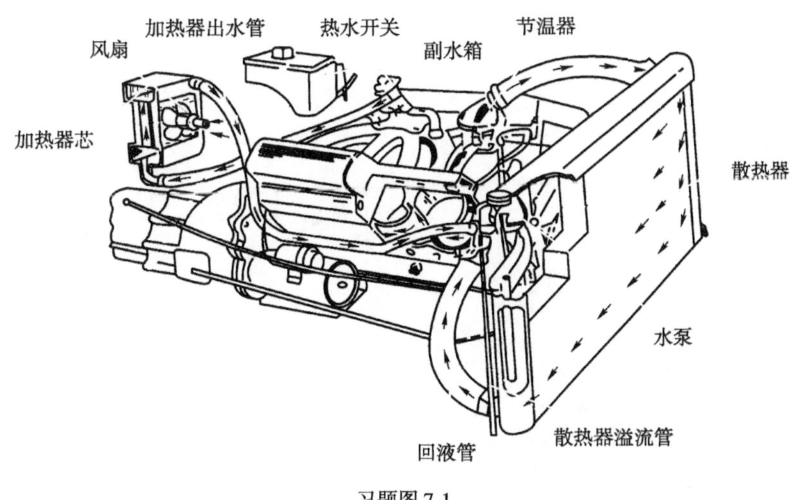


习题图 7-1

# 课题二 汽车制冷系统的组成与工作原理

## 一、填空题

1. 汽车制冷系统主要由__________、__________、__________、__________、和__________组成。

2. 压缩机的作用是将低温、__________的制冷剂气体压缩成为高温、__________的气体，并维持制冷剂的__________。

3. 储液干燥器的作用是__________，并对其进行干燥、__________处理。

4. 膨胀阀能够自动调节__________，使液态制冷剂经__________形成__________喷入__________中。

## 二、判断题（对下列说法，正确的在后面的括号中划"√"，错误的划"×"）

1. 空调系统的工作原理就是通过制冷剂物理变化过程中的散热与吸热，以达到制冷的目的。（　　）

2. 冷凝器安装在驾驶室内，用以对室内空气进行冷却。（　　）

3. 为满足环保要求，空调系统使用的制冷剂 R-12 已经被 R-134a 代替。（　　）

4. 制冷剂气体经压缩机压缩形成高温高压的制冷剂液体。（　　）

## 三、简答题

1. 简述空调制冷的基本原理。

2. 汽车空调系统一般有哪些例行检查项目？如何检查？

## 四、看图答题

习题图 7-2 是制冷系统热力循环图，请用箭头标出制冷剂的流向。

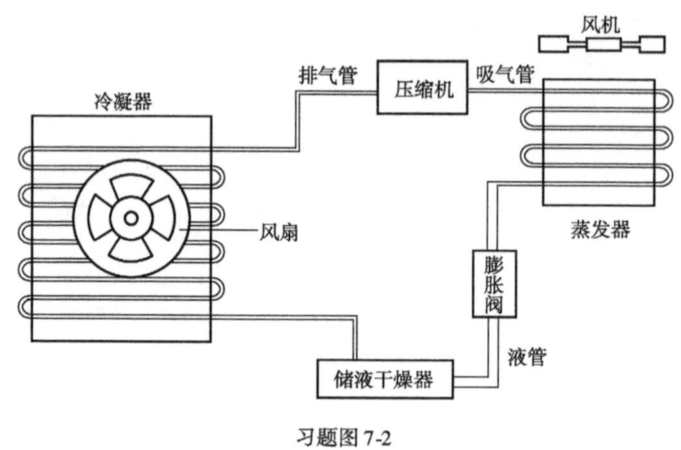


习题图 7-2

# 课题三　汽车制冷系统主要部件

## 一、填空题

1. 空调压缩机的形式主要有__________、__________、__________和__________四种。

2. 冷凝器的结构形式一般有__________、__________、__________三种。

3. 储液干燥器的功能是__________、__________、__________和__________。

4. 膨胀节流装置常见的有__________、__________和__________三种。

5. 温控器是空调系统中__________的一种开关元件。温控器的形式一般有__________式和__________式两种。

## 二、判断题（对下列说法，正确的在后面的括号中划“√”，错误的划“×”）

1. 轿车的冷凝器一般安装在冷却水散热器前方。（　　）

2. 冷凝器下方的管口为制冷剂的入口，其上方的管口为制冷剂的出口。（　　）

3. 储液干燥器易熔塞的作用是防止空调管路中的压力异常升高。（　　）

4. 积累器与储液干燥器的作用相同，都安装在冷凝器的出口处。（　　）

5. 内平衡式膨胀阀一般用于蒸发器管路压力损失小、制冷量小的空调系统。（　　）

6. H 型膨胀阀不需设置感温包和毛细管，制冷量由蒸发器的蒸发温度直接控制。（　　）

## 三、简答题

1. 简述斜盘式压缩机工作原理。

2. 内平衡式膨胀阀是如何对制冷量进行调整的?

3. H 型膨胀阀有哪些特点?

## 四、看图答题

1. 习题图 7-3 是桑塔纳 2000GSI 摇板压缩机主要部件构造图,请将图中的图形符号与对应名称用直线连起来。

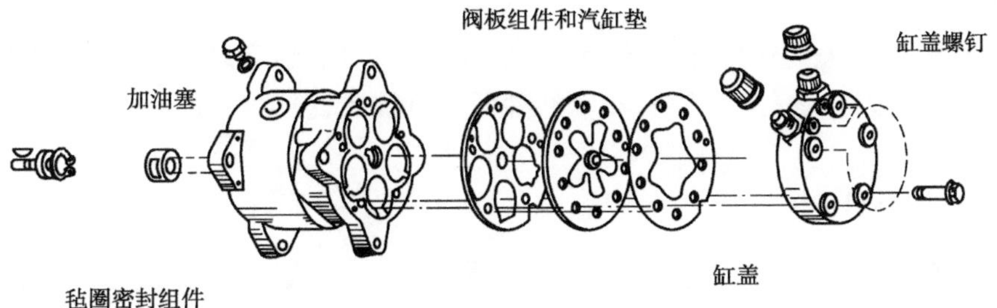


习题图 7-3

2. 习题图 7-4 是 H 型膨胀阀外形图,请将图中的图形符号与对应名称用直线连起来。

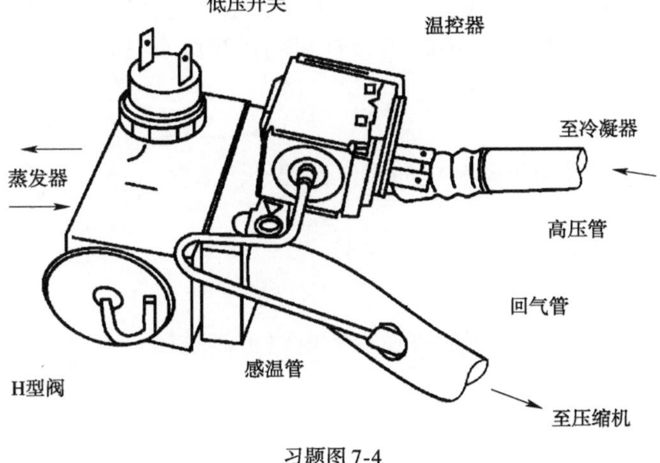


习题图 7-4

# 课题四 汽车空调系统的控制电路

## 一、填空题

1. 真空电磁阀由__________、__________、__________组成。

2. 电源控制线路包括__________、__________、__________、__________以及__________、__________、__________等。

3. 汽车空调电路由__________、__________、__________、__________、__________、__________、__________、__________等八大部分组成。

4. 全自动汽车空调系统主要由__________、__________、__________等组成。

5. 电脑控制汽车空调系统除基本功能外，还具有__________、__________和__________的功能。

## 二、选择题（请将正确答案的序号填写在括号中）

1. 电磁离合器的电磁线圈（　　）时，空调压缩机便投入工作。

A. 通电　　B. 断电

2. 压力开关设置在空调系统的（　　）管路中。

A. 高压　　B. 低压

3. 在讨论温控开关的功用时，甲认为当蒸发器出风口的温度高于规定值时，压缩机才投入工作；乙认为温控开关是对压缩机转速的高低进行控制，温度越高压缩机的转速越高。你认为（　　）。

A. 甲对乙不对　　B. 乙对甲不对

## 三、判断题（对下列说法，正确的在后面的括号中划"√"，错误的划"×"）

1. 空调压缩机是由发动机带动旋转的，所以发动机运转，压缩机便运转。（　　）

2. 低压开关安装在空调系统的低压管路中，高压开关则安装在高压管路中。（　　）

3. 桑塔纳轿车空调系统工作时，鼓风机开关处于空档时，鼓风电动机也运转。（　　）

4. 在怠速时，如果空调系统停止工作，发动机的负荷减小，转速会立即上升。（　　）

## 四、简答题

1. 空调电路中，怠速自动调整装置的工作原理是什么？

2. 简述桑塔纳2000GSI型轿车的空调控制电路工作过程。

## 五、看图答题

习题图 7-5 是桑塔纳 2000 轿车空调控制电路图，请在图中画出点火开关处于 ON 挡时，减负继电器电路和空调继电器电路电流流向。

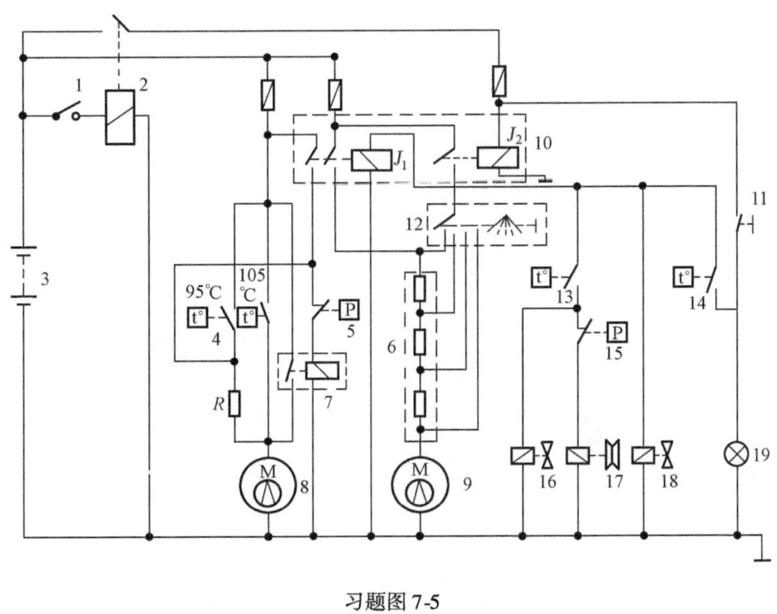


习题图 7-5

# 课题五　汽车空调系统常见故障

## 一、填空题

1. 汽车空调常用的检测工具有__________、__________、__________、__________以及其他专用维修工具。

2. 歧管压力计组件的两个压力表中，一个用于检测冷气系统__________的压力，另一个用于检测__________的压力。

3. 制冷系统检漏方法有__________、__________、__________、__________、__________及__________等几种。

4. 制冷系统抽真空的目的是为了__________。

## 二、简答题

1. 怎样对空调系统抽真空？

2. 简述从高压侧给空调充注制冷剂的方法。

3. 汽车空调系统中有空气时会有什么情况发生？怎么处理？

4. 简述空调风量控制系统故障的检修顺序。

## 三、看图答题

习题图 7-6 是歧管压力计结构图,请将图中的图形符号与对应名称用直线连起来。

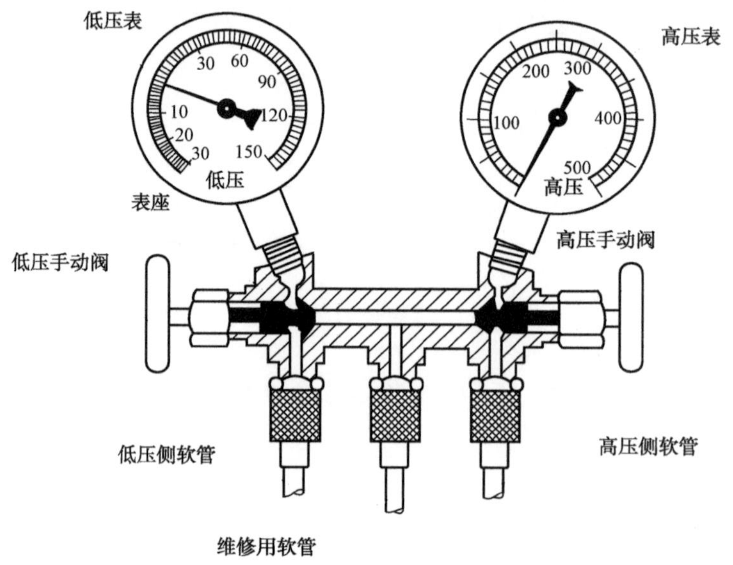


习题图 7-6

# 单元考核试题

班级__________ 姓名__________ 学号__________ 成绩__________

## 一、填空题(每空1分,共40分)

1. 汽车制冷系统主要由________、________、________、________和________组成。

2. 压缩机的作用是将低温、__________的制冷剂气体压缩成为高温、__________的气体,并维持制冷剂的__________。

3. 空调压缩机的形式主要有__________、__________、__________和__________四种。

4. 膨胀节流装置常见的有__________、__________和__________三种。

5. 储液干燥器的功能是__________、__________、__________和__________。

6. 汽车空调电路的组成由__________、__________、__________、__________、__________、__________、__________、__________等八大部分组成。

7. 真空电磁阀由__________、__________、__________组成。

8. 汽车空调常用的检测工具有__________、__________、__________、__________以及其他专用维修工具。

9. 制冷系统检漏方法有__________、__________、__________ 、__________、__________及__________等几种。

## 二、判断题(对下列说法,正确的在后面的括号中划"√",错误的划"×"。每题1分,共10分)

1. 空调系统就是通过制冷剂物理变化过程中的散热与吸热原理以达到制冷的效果。( )

2. 冷凝器安装在驾驶室内,用以对室内空气进行冷却。( )

3. 为满足环保要求,空调系统使用的制冷剂R-12已经被R-134a代替。( )

4. 储液干燥器易熔塞的作用是防止防止空调管路中的压力异常升高。( )

5. 轿车的蒸发器一般安装在仪表盘罩下方,大型客车的蒸发器一般安装在车箱的顶部。( )

6. 内平衡式膨胀阀一般用于蒸发器管路压力损失小、制冷量小的空调系统。( )

7. H型膨胀阀不需设置感温包和毛细管,制冷量由蒸发器的蒸发温度直接控制。( )

8. 空调压缩机是由发动机带动旋转的,所以发动机运转,压缩机便运转。( )

9. 低压开关安装在空调系统的低压管路中,高压开关则安装在高压管路中。( )

10. 在怠速时,如果空调系统停止工作,发动机的负荷减小,转速会立即上升。( )

## 三、简答题(每题8分,共40分)

1. 简述汽车空调系统的组成及各部分的功能。

2. 空调系统一般有哪些例行检查项目?

3. 内平衡式膨胀阀是如何对制冷量进行调整的？

4. 简述桑塔纳2000GSI型轿车的空调控制电路工作过程。

5. 简述汽车空调系统制冷剂高压侧的充注方法。

## 四、看图答题(每题5分,共10分)

1. 习题图7-7是制冷系统热力循环图,请用箭头画出制冷剂的流向。

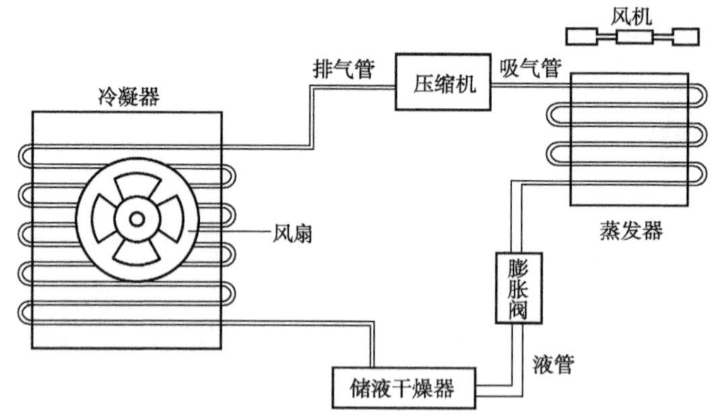


习题图7-7

2. 习题图7-8是歧管压力计结构图,请将图中的图形符号与对应名称用直线连起来。

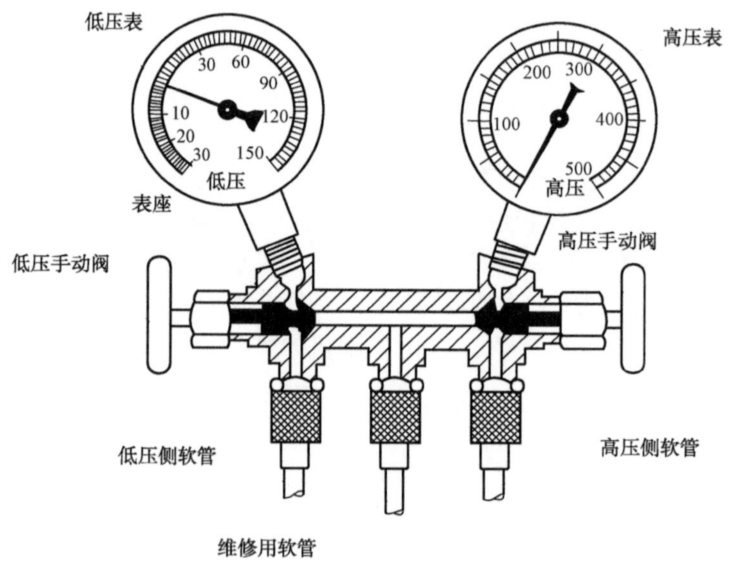


习题图7-8

# 单元八
# 汽车总线路

## 课题一　汽车线路常用部件及选用

### 填空题

1. 汽车低压导线的截面主要是根据用电设备的__________选择的,但对于功率很小的电器,所用的导线截面积不得小于__________ $mm^2$。

2. 某汽车的一条导线上标注了“1.0GY”表示该导线标称截面积为__________ $mm^2$,双色导线,主色为__________色,辅色为__________色。

3. 按线芯的不同,国产高压导线分为__________线和__________线两种。

4. 一般汽车线束都分成几部分,再通过__________来完成电路连接,发动机前置的汽车常分成__________线束、__________线束、__________线束等。

5. 汽车插接器由__________与__________两部分构成。

6. 为了防止汽车行驶过程中插接器脱开,所有插接器均采用__________。要拆开插接器时,应先__________,然后再将其__________。

7. 点火开关主要用来接通和切断点火电路,同时还用以控制__________、__________、__________、__________、__________、__________、转向盘锁止、__________、__________、进气预热和其他电气设备电路。

8. 继电器有功能和电路控制型两类。如闪光继电器、刮水器间歇继电器属__________型继电器,汽车上常见的前照灯继电器、雾灯继电器、起动继电器、喇叭继电器、减荷继电器等属于__________型继电器。

9. 汽车电路保险装置的作用是在电路发生__________时,__________电路,保证电气设备及线路的安全。保险装置可分为__________性与__________性两类。

## 课题二　典型汽车线路图的识读及全车线路

### 一、填空题

1. 汽车电路常见的有__________、__________、__________、__________等4种表示方法。

2. 尽管汽车总线路比较复杂，但按汽车用电器的用途和电路的组成，一般可将总线路分为________系、________系、________系、________系、________系、仪表和警报系等独立电系。

## 二、简答题

1. 识读汽车线路的回路原则是什么意思？

2. 什么是汽车电路图识读的“部分电路分析法”？

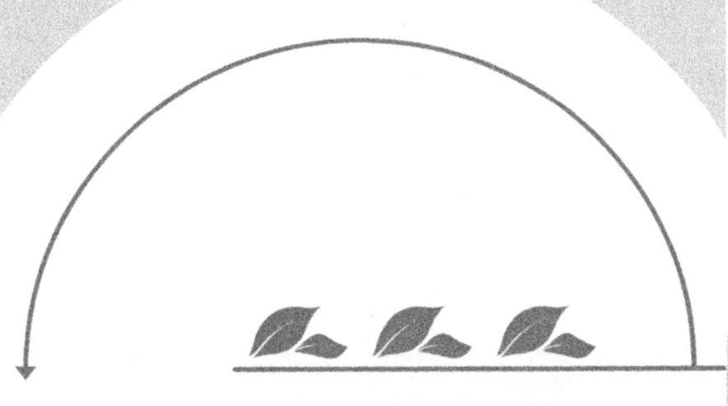

# 习题集解部分

# 单元一　电工基础

## 课题一　电路的组成与基本定律

**一、填空题**

1. 电源、负载、中间环节。

2. 通路、断路、短路。

3. 电源电动势、全电路总电阻。

**二、选择题**(请将正确答案的序号填写在括号中)

1. C　2. B

**三、判断题**(对下列说法,正确的在后面的括号中划"√",错误的划"×")

1. ×　2. ×　3. √　4. √　5. √

**四、简答题**

1. 答:基尔霍夫电流定律:对电路中的任何一个节点,流入(或流出)该节点的电流的代数和等于0,即:$\sum I=0$。

基尔霍夫电压定律:对于任何一个闭合回路,回路中各段电压的代数和为0,即$\sum U=0$,或$\sum IR=E$。

2. 解:对节点A列节出节点电流方程:

$I_1+I_2=I_3$,整理,得:$I_2=I_3-I_1$,代入已知数据:$I_2=3-6=-3$A(负号表示$I_2$的实际方向与图上所标方向相反)。

对回路1列出回路电压方程:$E_1=I_1R_1+I_3R_3$,整理得:$I_3R_3E_1-I_1R_1$,代入已知数据:

$3R_3=18-6\times1$,求得:

$R_3=4\Omega$

**五、看图答题**

1. 答:照明电路图如答案图1-1所示。

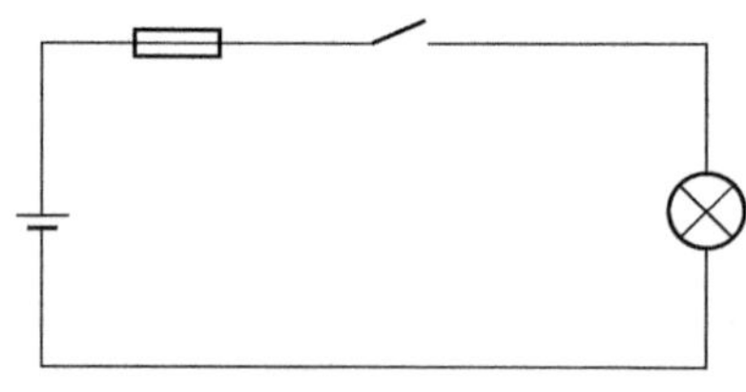

答案图1-1

2. 答:导体中的电流方向见答案图1-2。

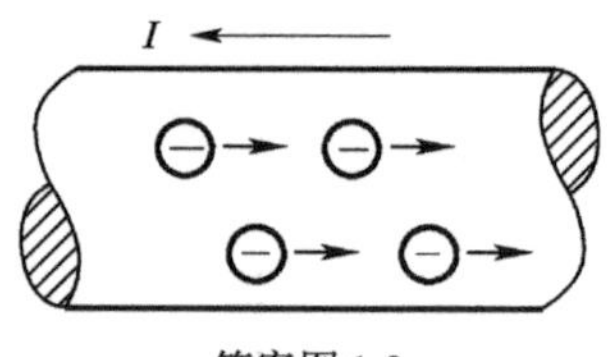


答案图1-2

3. 答:所给三个电阻是并联连接的。

## 课题二　电磁感应定律及应用

**一、填空题**

1. 相斥、相吸。

2. 切割磁力线、磁通量、感应电动势、感应电流。

3. 励磁线圈、铁芯、衔铁。

**二、选择题**(请将正确答案的序号填写在括号中)

1. A　2. C　3. C　4. A　5. C

**三、判断题**(对下列说法,正确的在后面的括号中划"√",错误的划"×")

1. √　2. ×　3. ×　4. √

**四、简答题**

答:当导体相对于磁场运动而切割磁力线或者线圈中的磁通发生变化时,在导体或线圈中会产生感应电动势,若导体或线圈构成闭合回路,则导体或线圈中将有电流流过。

**五、看图答题**

1. 答:导体中感应电流 $I$ 及所受安培力 $F$ 的方向见答案图 1-3。

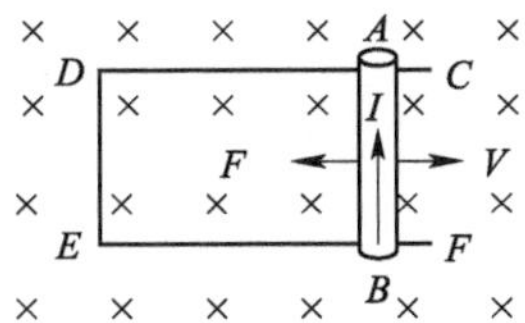


答案图 1-3

2. 答:线圈磁场极性、电流的方向见答案图 1-4。

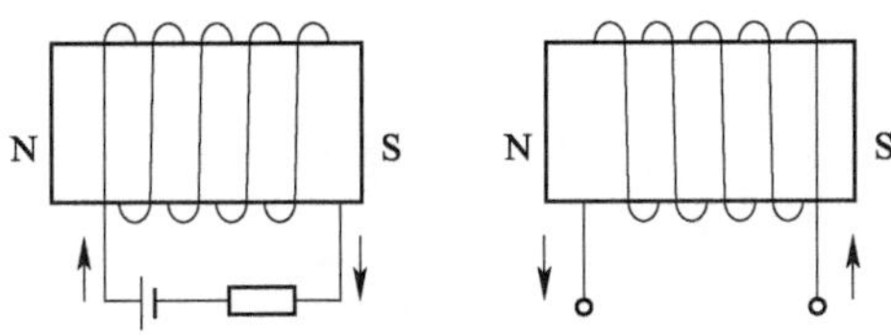


答案图 1-4

3. 答:载流导体的受力方向如答案图 1-5 所示。

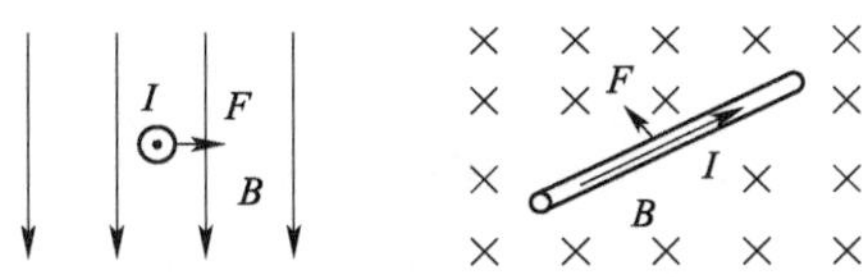


答案图 1-5

## 课题三　正弦交流电路与照明电路

### 一、填空题

1. 大小和方向。

2. 最大值、频率(周期、角频率)、初相角。

3. 最大值、$U$、$V$、$W$。

### 二、选择题(请将正确答案的序号填写在括号中)

1. B　2. C

### 三、判断题(对下列说法,正确的在后面的括号中划“√”,错误的划“×”)

1. √　2. ×　3. √

### 四、简答题

1. 答:交流电有效值是一个用以计算交流电大小的物理量,是根据电流的热效应来确定的。让交流电和直流电通过同样阻值的电阻,如果它们在相同的时间内(一个周期)产生的热量相等,就把这一直流电的量值称为该交流电的有效值。

2. 解:将已知电流的瞬时值表达式与通用表达式 $i = I_m \sin(\omega t + \Psi)$ 比较可得:

(1) $I_m = 20\sqrt{2}$A

$I = 20$ A

(2) $\omega = 100\pi$rad/s

$T = 2\pi/\omega = 0.02$s

$f = 1/T = 50$Hz

(3) $\Psi = 30°$

### 五、看图答题

1. 答:所给电流的类型、名称见答案图 1-6。

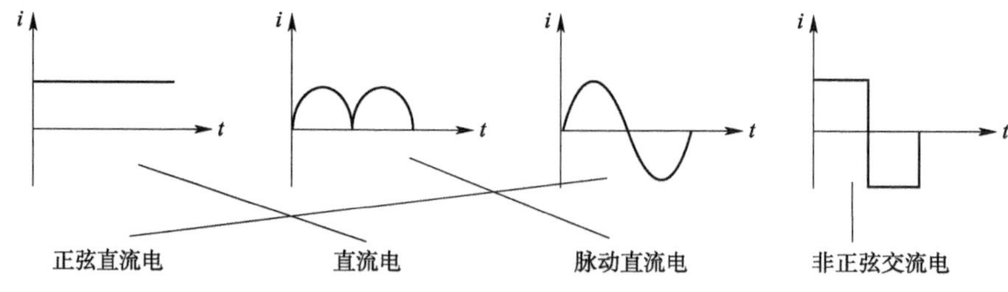


答案图 1-6

2. 答:由已知波形图可知:

该电流的最大值 $I_m = 20$mA ,初相角 $\Psi = \pi/6$。

这是家用照明电,所以其频率为 $f = 50$Hz, $\omega = 100\pi$。

所以其瞬时值表达式应为:

$i = 20\sin(100\pi t + \pi/6)$ mA。

## 课题四　变压器、直流电动机与安全用电

**一、填空题**

1. 定子、转子。

2. 单相触电、两相触电。

**二、选择题**(请将正确答案的序号填写在括号中)

1. C　2. A

**三、判断题**(对下列说法,正确的在后面的括号中划"√",错误的划"×")

1. √　2. ×

**四、简答题**

答:保护接地是将电气设备的金属外壳与大地相连。

保护接零是将电气设备的金属外壳与供电系统中的零线可靠地连接。

**五、看图答题**

答:触电的类型如答案图1-7所示。

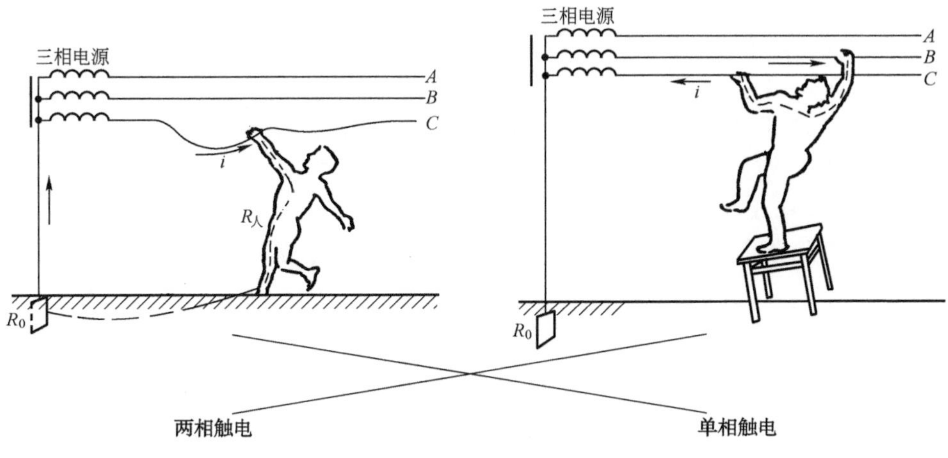


答案图1-7

## 单元考核试题

**一、填空题**

1. 电源、负载、中间环节。

2. 单相触电、两相触电。

3. 最大值、频率(周期、角频率)、初相角。

4. 切割磁力线、磁通量、感应电动势、感应电流。

5. 相斥、相吸。

6. 电源电动势、全电路总电阻。

7. 通路、断路、短路。

8. 大小和方向。

9. 最大值、$U$、$V$、$W$。

二、选择题

1. A　2. C　3. C　4. B　5. C　6. A　7. B　8. C　9. A　10. C

三、判断题

1. ×　2. ×　3. √　4. √　5. √　6. √　7. √　8. √　9. ×　10. ×

四、简答题

1. 答：基尔霍夫电流定律：对电路中的任何一个节点，流入（或流出）该节点的电流的代数和等于0，即：$\sum I = 0$。

基尔霍夫电压定律：对于任何一个闭合回路，回路中各段电压的代数和为0，即$\sum U = 0$，或$\sum IR = E$。

2. 答：当导体相对于磁场运动而切割磁力线或者线圈中的磁通发生变化时，在导体或线圈中会产生感应电动势，若导体或线圈构成闭合回路，则导体或线圈中将有电流流过。

3. 解：导体$AB$在磁场中做切割磁力线运动，产生感应电动势为：

$e = BLV$，代入已知数据：

$e = 0.05 \times 1 \times 4 = 0.2\text{V}$

由于电路是闭合的，所以产生感应电流：

$i = e/R = 0.2/0.2 = 1\text{A}$。$i$在导体$AB$中的方向为由下向上。

因导体$AB$有电流通过，且在磁场中，所以要受到电磁力的作用：

$F = BIL$，代入已知数据：

$F = 0.05 \times 1 \times 1 = 0.05\text{N}$，其方向水平向左。

4. 解：将已知电流的瞬时值表达式与通用表达式$i = I_m \sin(\omega t + \Psi)$比较，可得：

(1) $I_m = 20\sqrt{2}\text{A}$

$I = 20\text{A}$

(2) $\omega = 100\pi\text{rad/s}$

$T = 2\pi/\omega = 0.02\text{s}$

$f = 1/T = 50\text{Hz}$

(3) $\Psi = 30°$

五、看图答题

1. 答：通电线圈的极性、线圈电流方向见答案图1-8。

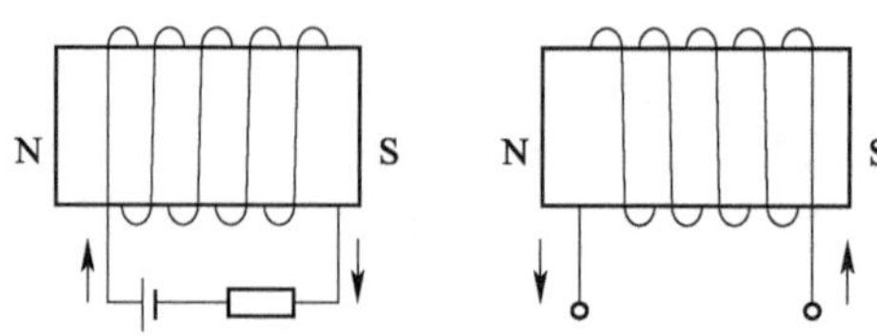


答案图1-8

2. 答:载流导体的受力方向见答案图 1-9。

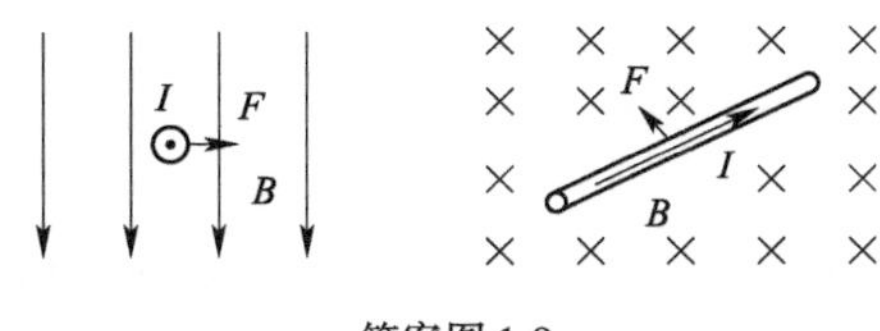


答案图 1-9

3. 答:触电的类型见答案图 1-10。

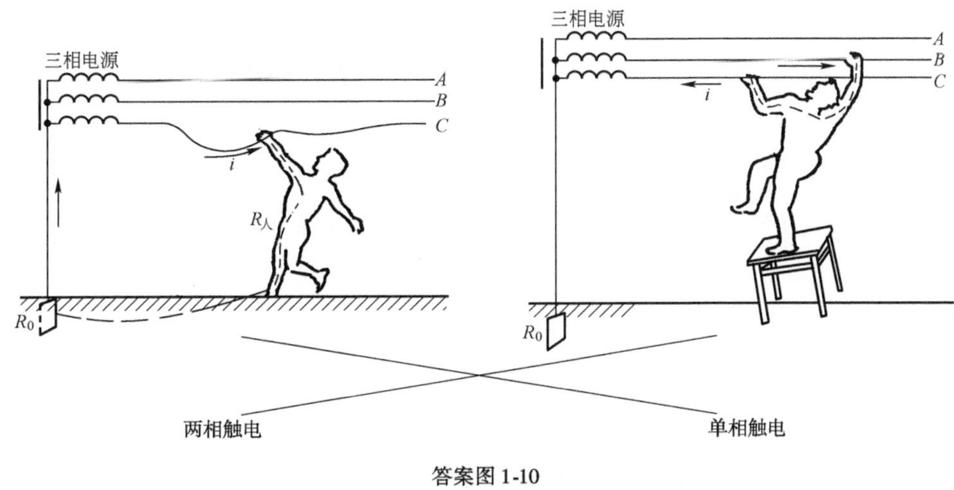


答案图 1-10

# 单元二 电子技术基础

## 课题一 PN 结、晶体二极管与晶体三极管

**一、填空题**

1. 半导体。

2. 空穴、电子。

3. 单向导电性、导通、截止。

4. 集电区、基区、发射区、集电极、基极、发射极、发射结、集电结。

**二、选择题**(请将正确答案的序号填写在括号中)

1. B  2. A  3. C

**三、判断题**(对下列说法,正确的在后面的括号中划"√",错误的划"×")

1. ×  2. √  3. √

**四、简答题**

1. 答:(1)正向特性。当二极管两端所加正向电压较小时,正向电流几乎为零,当外加电压超过死区电压后,电流增加很快,二极管处于导通状态。

(2)反向特性。在二极管加反向电压,仅有少数载流子导电,数值很小,二极管处于截止状态。

(3)反向击穿特性。当反向电压增加到一定大小时,反向电流剧增,二极管的反向击穿。

2. 解:$I_c = \beta I_b = 120 \times 0.05 = 6\text{mA}$

$I_e = I_c + I_b = 6 + 0.05 = 6.05\text{mA}$

## 五、看图答题

1. 由答案图 2-1 所示的图解,得出二极管的正向电流约为 17mA。

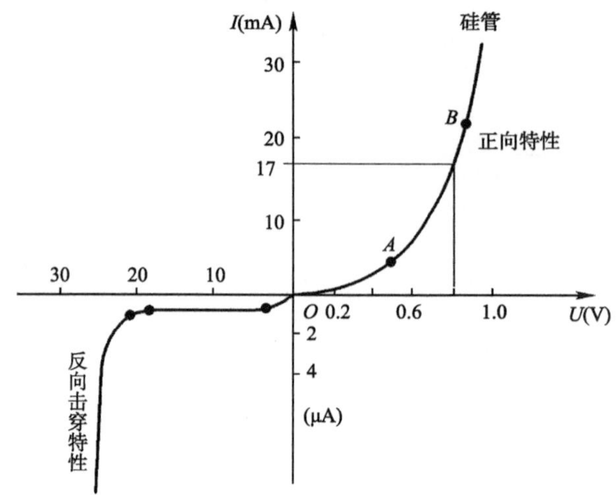


答案图 2-1

2. 答:三极管结构及相关名称见答案图 2-2。

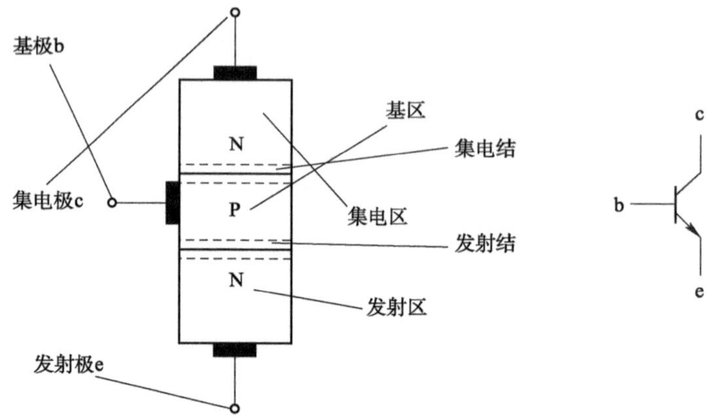


答案图 2-2

3. 答:三极管各电流方向见答案图 2-3。

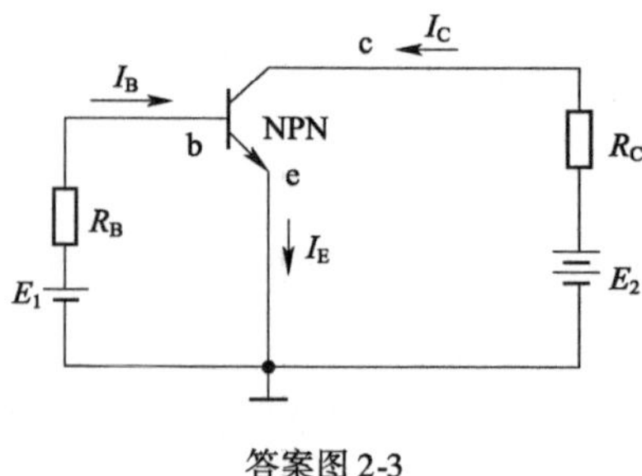


答案图 2-3

## 课题二　整流电路、滤波电路与稳压电路

**一、填空题**

1. 单向导电性、直流电。

2. 电容、电感、复式滤波电路。

3. 反向击穿。

4. 电源变压器、整流电路、滤波电路、稳压电路。

**二、选择题**(请将正确答案的序号填写在括号中)

1. C　2. A

**三、判断题**(对下列说法,正确的在后面的括号中划"√",错误的划"×")

1. ×　2. √　3. √

**四、简答题**

1. 答:硅稳压管当它处于反向击穿状态时,只要电流不超过一定范围,就不会损坏,击穿是可逆的。在反向击穿后,其反向电流在较大范围内变化时,反向击穿电压值几乎不变,保持稳定。

2. 解:(1)采用单相半波整流时:$U_L = 0.45U_2$　$\therefore U_2 = 200V$

(2)采用单相桥式整流时:$U_L = 0.9U_2$　$\therefore U_2 = 100V$

**五、看图答题**

1. 答:在 $t_6 \sim t_7$时间内二极管 $V_5$和 $V_4$是导通的。

2. 答:电容滤波电路输出的波形见答案图 2-4。

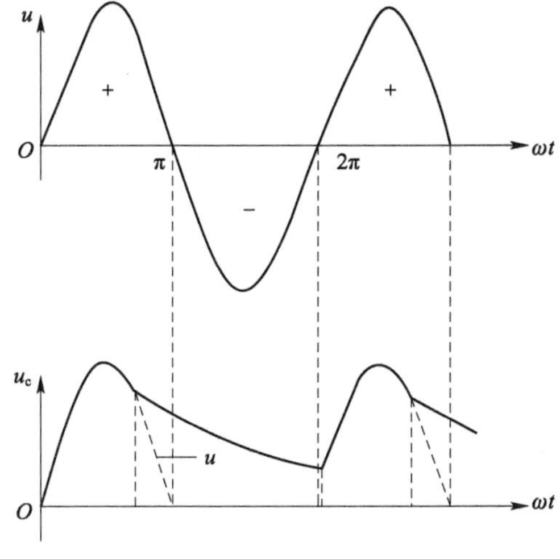


答案图 2-4

3. 答:稳压管的工作区域见答案图 2-5。

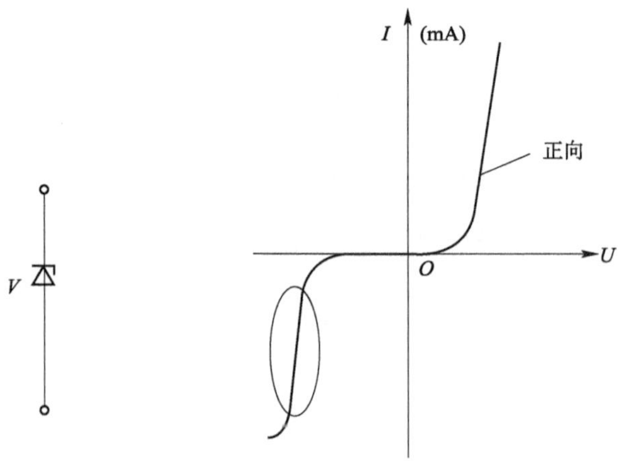


答案图 2-5

## 课题三　放大电路与集成电路

**一、填空题**

1. 较强的电信号。
2. 静止工作状态。
3. 级间耦合,阻容耦合,变压器耦合,直接耦合。
4. 小规模,中规模,大规模,超大规模。

**二、选择题**(请将正确答案的序号填写在括号中)

1. B　2. C

**三、判断题**(对下列说法,正确的在后面的括号中划"√",错误的划"×")

1. √　2. ×

**四、简答题**

1. 答:集成电路具有下列特点:

(1)可靠性高、寿命长且使用方便;

(2)专用性强;

(3)需要外接一些元器件才能正常工作。

2. 解:$I_{BQ} \approx U_{CC}/R_B = 0.03\text{mA}$

$I_{CQ} = \beta I_{BQ} = 1.5\text{mA}$

$U_{CEQ} = U_{CC} - I_{CQ}R_C = 6\text{V}$

**五、看图答题**

1. 答:补画出的交流通路见答案图 2-6。

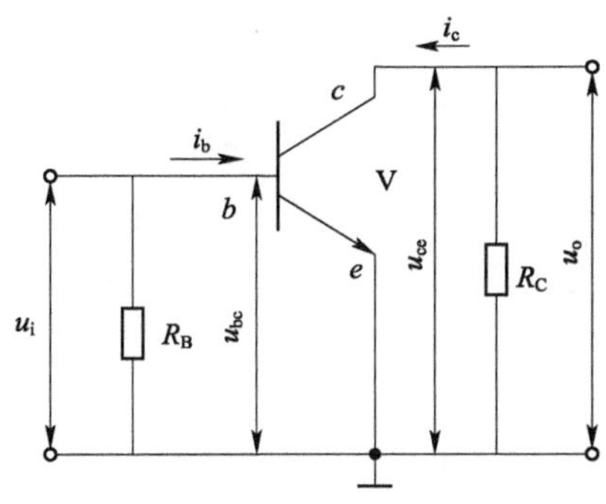


答案图 2-6

2. 答:级间耦合原件及支路见答案图 2-7。

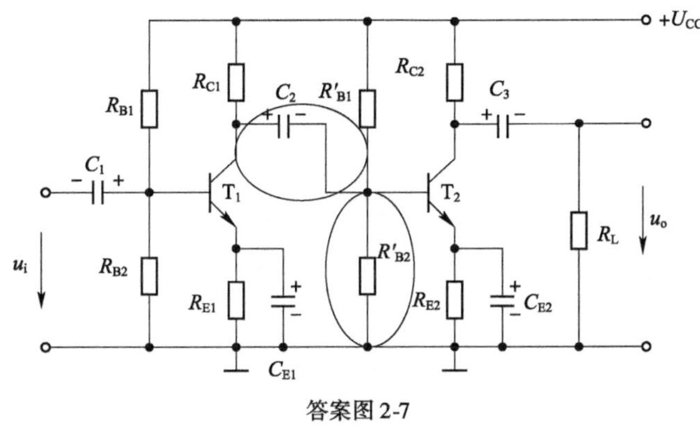


答案图 2-7

## 单元考核试题

### 一、填空题

1. 半导体。
2. 单向导电性、导通、截止。
3. 集电区,基区,发射区,集电极,基极,发射极,发射结,集电结。
4. 单向导电性,直流电。
5. 电容,电感,复式滤波电路。
6. 反向击穿。
7. 电源变压器,整流电路,滤波电路,稳压电路。
8. 较强的电信号。
9. 静止工作状态。
10. 级间耦合,阻容耦合,变压器耦合,直接耦合。

### 二、选择题

1. B  2. C  3. C  4. A  5. B

### 三、判断题

1. ×  2. √  3. √  4. ×  5. √  6. √  7. √  8. ×  9. ×  10. ×

### 四、简答题

1. 答:(1)正向特性。当二极管两端所加正向电压较小时,正向电流几乎为零,当外加电压超过死区电压后，电流增加很快，二极管处于导通状态。

(2)反向特性。在二极管加反向电压，仅有少数载流子导电，数值很小，二极管处于截止状态。

(3)反向击穿特性。当反向电压增加到一定大小时，反向电流剧增，二极管的反向击穿。

2. 答：硅稳压管当它处于反向击穿状态时，只要电流不超过一定范围，就不会损坏，击穿是可逆的。在反向击穿后，其反向电流在较大范围内变化时，反向击穿电压值几乎不变，保持稳定。

**五、看图答题**

1. 三极管各电流方向见答案图 2-8。

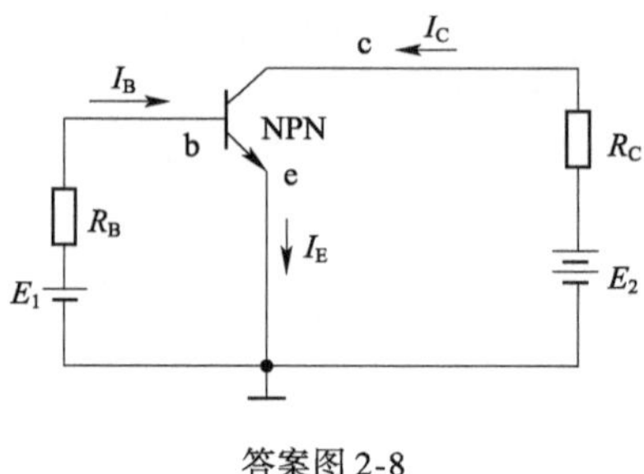


答案图 2-8

2. 稳压管的工作区域见答案图 2-9。

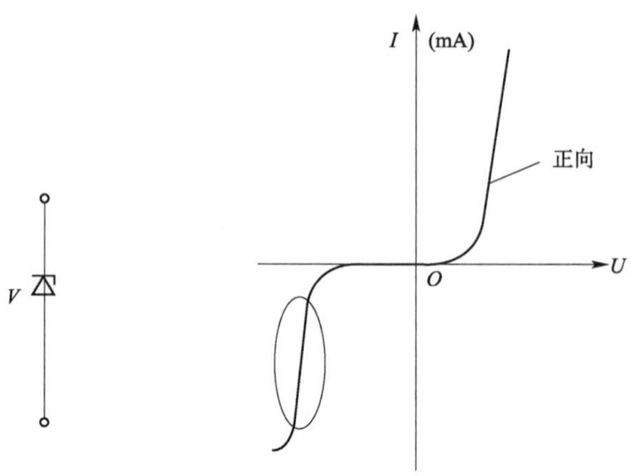


答案图 2-9

3. 共射极放大电路的交流通路如答案图 2-10 所示。

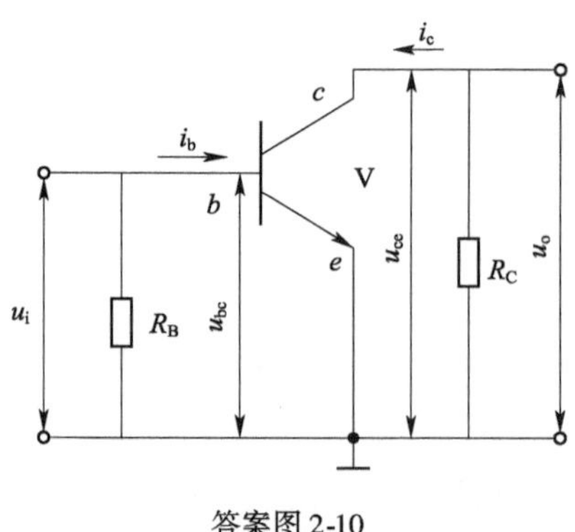


答案图 2-10

# 单元三 电 源 系

## 课题一 蓄 电 池

**一、填空题**

1. 三、六、串、2。

2. 6、12V、40Ah、塑料、干、起动。

3. 可、二氧化铅、海绵状纯铅、硫酸铅、硫酸、水。

4. 5s、15s。

5. 初充电、补充、快速脉冲

6. 电解液液面高度、蓄电池放电程度。

**二、选择题**(请将正确答案的序号填写在括号中)

1. B　2. B　3. C　4. A

**三、判断题**(对下列说法,正确的在后面的括号中划"√",错误的划"×")

1. √　2. √　3. ×

**四、简答题**

1. 答:汽车电器设备的特点是:两个电源、低压直流、并联单线、负极搭铁。

2. 答:汽车起动型铅蓄电池的用途是:

(1)发动机起动时,向起动机提供强大电流,并同时向点火系等用电设备供电;

(2)发电机电压过低(低于蓄电池端电压)时,向用电设备供电;

(3)发电机电压高于蓄电池电动势时,将发电机多余的部分电能变为化学能储存起来(充电);

(4)发电机过载时,协助发电机供电;

(5)蓄电池相当于一个大的电容器,能吸收电路中出现的瞬时过电压,保持汽车电系电压稳定,保护电路中的电子元件。

3. 答:蓄电池的放电电流、电解液温度、电解液相对密度等使用因素影响其容量:

(1)放电电流越大,蓄电池输出的容量越小。

(2)电解液温度降低,蓄电池输出的容量减小。

(3)采用较低的电解液相对密度,可以提高蓄电池输出大电流的能力和大电流放电时的容量。

4. 答:汽车蓄电池存电不足的表现主要有:

(1)电解液相对密度下降到1.200以下,

(2)冬季放电超过25%,夏季放电超过50%,

(3)灯光比平时暗淡、喇叭沙哑,表示电力不足,

(4)起动机无力(并非起动机故障)。

**五、看图答题**

1. 答:电路部件的名称见答案图3-1。

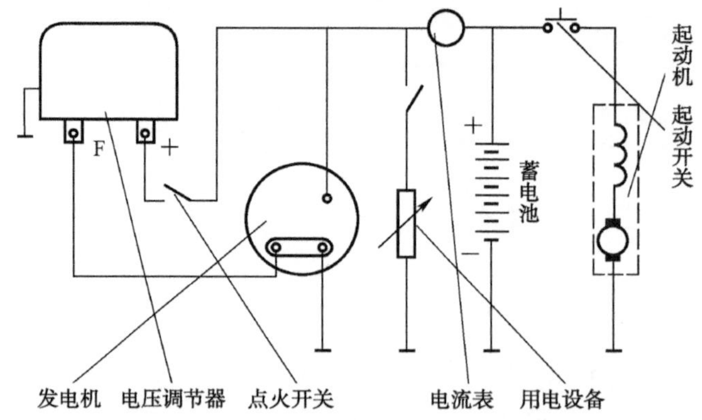


答案图 3-1

2. 答：联条的形式、名称见答案图 3-2。

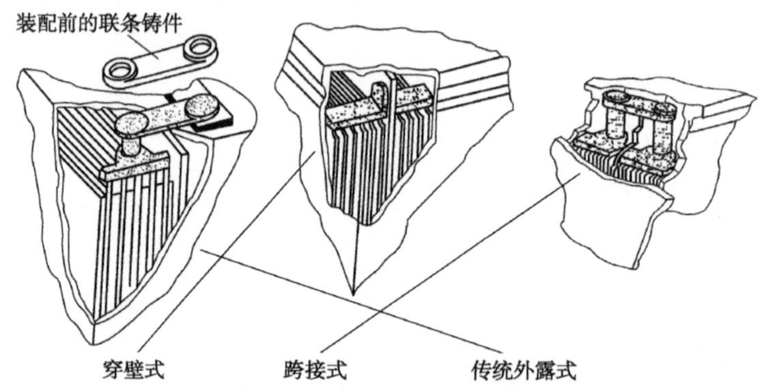


答案图 3-2

3. 答：测量的是蓄电池的电解液液面高度，正常范围是 $h = 10 \sim 15\text{mm}$。

4. 答：观察到的颜色与蓄电池状态的关系见答案图 3-3。

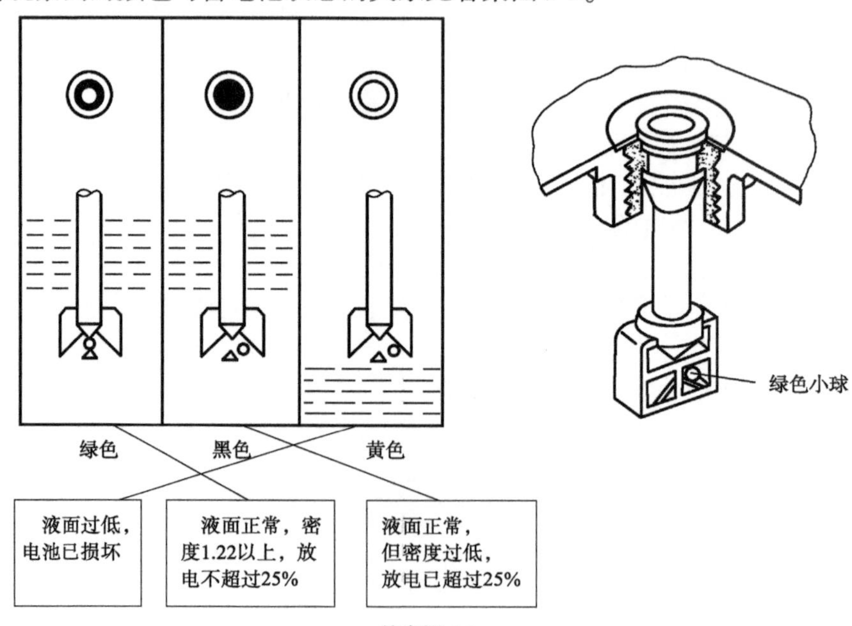


答案图 3-3

## 课题二　硅整流发电机的构造、拆卸、工作原理与特性

**一、填空题**

1. 转子、定子、整流器、前后端盖、风扇及皮带轮、电刷及电刷架。

2. 三相交流、直流、六、三相桥式。

3. 正极管、两、励磁。

**二、选择题**(请将正确答案的序号填写在括号中)

1. B　2. A　3. A

**三、判断题**(对下列说法,正确的在后面的括号中划"√",错误的划"×")

1. √　2. ×　3. √　4. ×

**四、简答题**

1. 答:当励磁绕组有电流通过时,转子的两块爪极被磁化,形成了 N、S 极相互交错的六对磁极, 发电机工作时,磁场同时旋转,于是,定子三相绕组与磁场发生相对运动,定子绕组切割磁极磁力线,产生感生电动势, 三相定子绕组所产生的感生电动势是频率相同、最大值相同、相位相差 120°电角度的三相对称正弦交流电动势。

2. 答:电枢绕组输出的三相交流电,在某一瞬间,有一相电压最高,同时还有一相电压最低,接在电压最高的相线上的正极管获得正向电压导通,同时,接在电压最低的相线上的负极管获得正向电压导通(其余四个二极管皆因承受反向电压而截止)。由于这两个二极管的导通,整流器的"+"端电位最高,"-"端电位最低,将发电机两相线之间的电压(线电压)加在负载上。

3. 答:由硅整流发电机的空载特性曲线可以看出,发电机空载时,随转速增加,端电压急剧增加, 所以,发电机在高速运转时,若突然失去负载,端电压会大幅度增高,容易损坏电子元件或烧坏用电设备,因此发电机的输出线路必须连接牢固。

**五、看图答题**

1. 答:发电机部件名称见答案图 3-4。

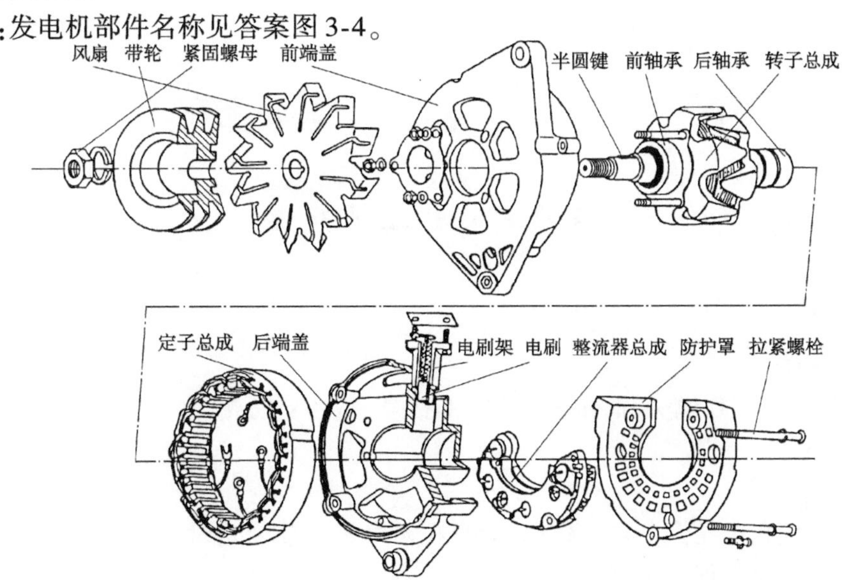


答案图 3-4

2. 答：①-滑环；②-转子轴；③-爪极；④-铁芯；⑤-励磁绕组；⑥-爪极。

3. 答：$t_6 \sim t_7$时间内负载电阻 $R$ 的电流回路见答案图 3-5。

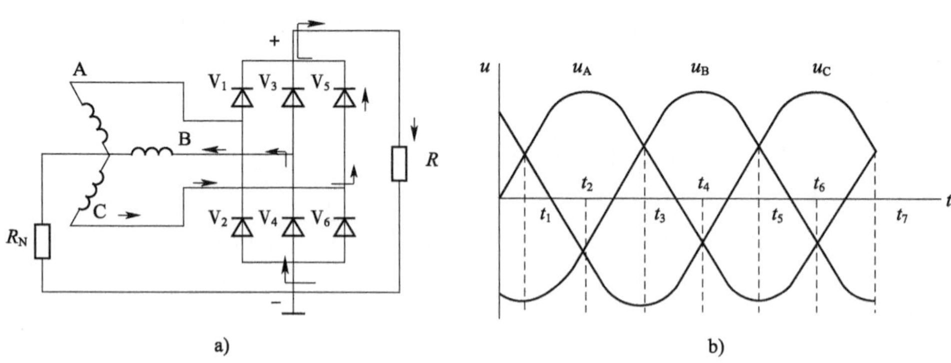


答案图 3-5

4. 答：$t_6 \sim t_7$时间内中性点负载 $R_N$的电流回路见答案图 3-6。

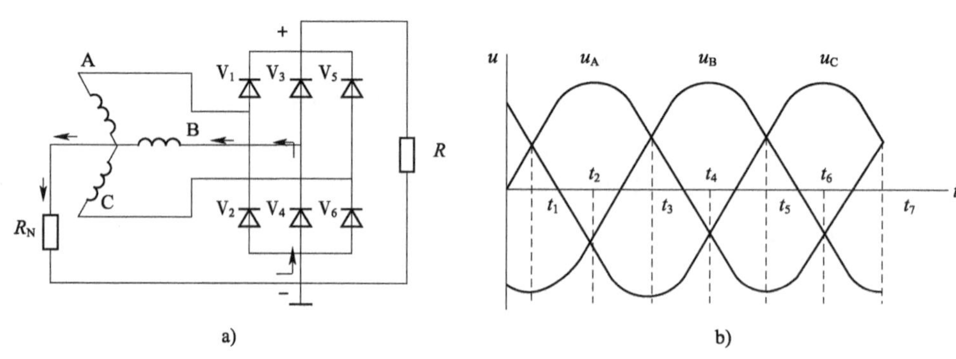


答案图 3-6

## 课题三　电压调节器

**一、填空题**

1. 减小、增大。

2. 触点、电子。

**二、判断题**(对下列说法，正确的在后面的括号中划“√”，错误的划“×”)

1. √　2. √

**三、简答题**

答：汽车发电机电压调节器的作用，就是在发电机转速变化时，自动改变励磁电流的大小，使发电机输出电压保持不变。

## 四、看图答题

1. 答:双级触点式调节器的自励、他励阶段见答案图 3-7。

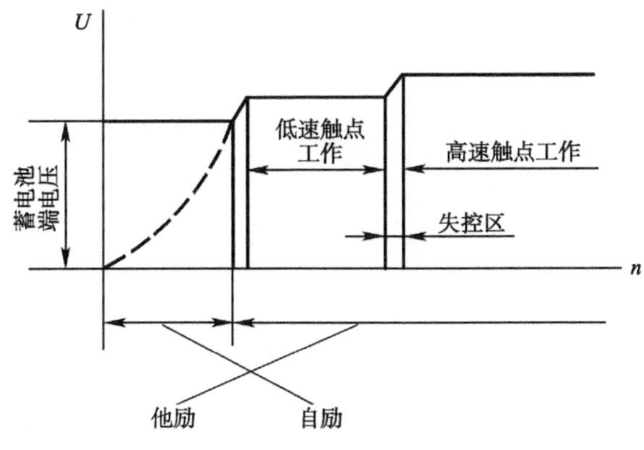


答案图 3-7

2. 答:发动机起动时,发电机励磁电流的回路如答案图 3-8 所示。

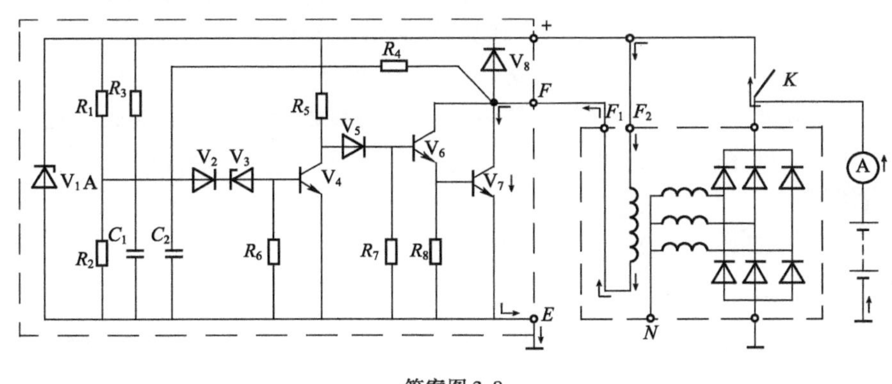


答案图 3-8

# 课题四　硅整流发电机的检修与试验

## 一、填空题

1. 首端、0、相等、断路。

2. 1、红、黑、8 ~ 10、10k、黑、红、10k、击穿、断路。

3. 信号提取系统、前端处理器、主电缆、PC 主机、彩色显示器。

## 二、选择题(请将正确答案的序号填写在括号中)

1. B　2. C

## 三、判断题(对下列说法,正确的在后面的括号中划"√",错误的划"×")

1. √　2. ×

## 四、看图答题

1. 答:测量的是发电机两滑环之间(励磁绕组)的电阻。JF1522A 型发电机,其数值应为 4Ω 左右。

2. 答:应不亮。

3. 答:应三相相等,且均接近 0。

4. 答：a）测到的是二极管的正向电阻，应为 8～10Ω；

b）测量到的二极管的反向电阻，应为 10kΩ 以上。

## 课题五　电源系的线路连接

### 一、填空题

1. 电流表、30A 快速熔断片、起动机主接线柱、搭铁。

2. 较低、30A 快速熔断片、电流表、点火开关、L、常闭触点。

### 二、选择题（请将正确答案的序号填写在括号中）

1. C　2. B

### 三、判断题（对下列说法，正确的在后面的括号中划"√"，错误的划"×"）

1. ×　2. √　3. √

### 四、简答题

1. 答：点火开关不但控制着点火系、仪表系电路，同时还直接或通过继电器控制着发电机励磁电路，发动机熄火后，如不及时断开点火开关，蓄电池会通过励磁绕组放电，浪费蓄电池电能，同时还容易烧坏发电机励磁绕组或调节器大功率管。

2. 答：因为蓄电池容量有限，汽车在运行过程中，单靠蓄电池为各用电设备供电，它在很短时间就会把电放完，形成过放电，直接影响蓄电池的寿命，同时，蓄电池放完电汽车被迫停驶后，给查找故障、排除故障、起动发动机都带来很大困难，增加了维修的难度。

### 五、看图答题

1. 答：充电电流回路如答案图 3-9 所示。

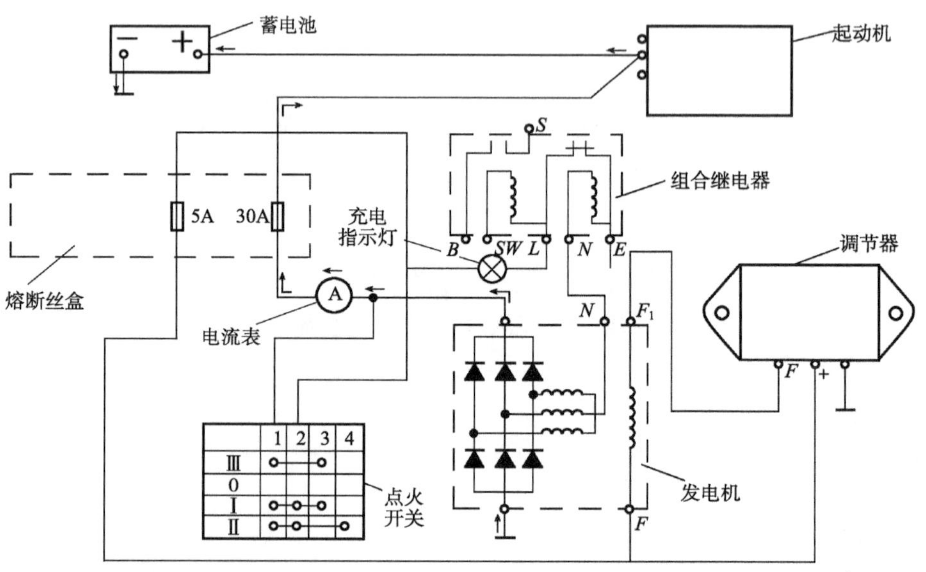


答案图 3-9

2. 答：充电指示灯的电流回路如答案图 3-10 所示。

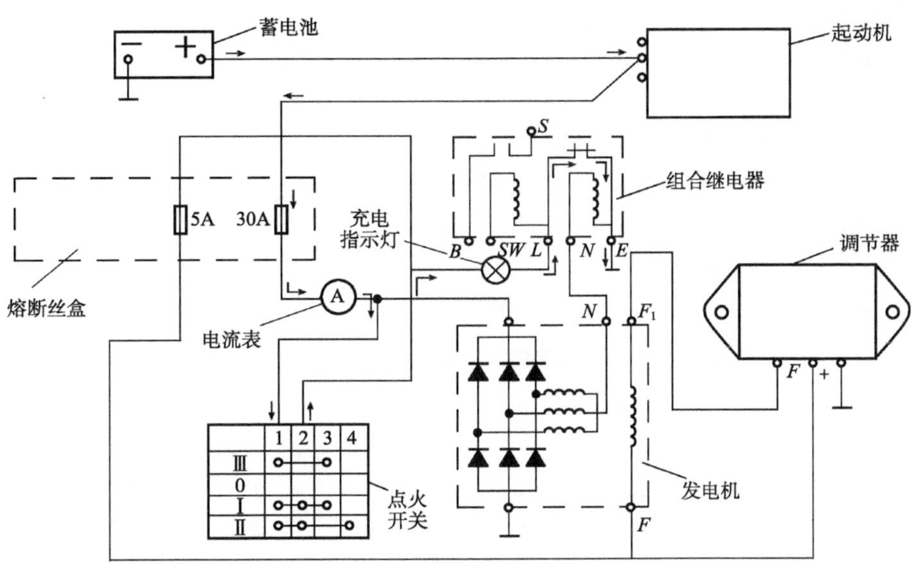


答案图 3-10

3. 答:"30" – 与蓄电池 +、发电机 B + 直接连接,是长火线;

"15" – 经过点火开关第四掷与蓄电池 +、发电机 B + 连接,在点火开关第 1 位(点火)、第 2 位时带电;

"X" – 经中间继电器触点与蓄电池 +、发电机 B + 连接,而中间继电器触点受点火开关第 2 掷的第 2 位控制,在点火开关处于第 2 位时带电。

## 单元考核试题

**一、填空题**

1. 三、六、串、2。

2. 可、二氧化铅、海绵状纯铅、硫酸铅、硫酸、水。

3. 电解液液面高度、蓄电池放电程度。

4. 三相交流、直流、六、三相桥式。

5. 减小、增大。

6. 首端、0、相等、断路。

7. 8 ~ 10Ω、10kΩ。

8. 较低、30A 快速熔断片、电流表、点火开关、L、常闭触点。

**二、选择题**(请将正确答案的序号填写在括号中)

1. B　2. C　3. B　4. B　5. B

**三、判断题**(对下列说法,正确的在后面的括号中划"√",错误的划"×")

1. √　2. ×　3. ×　4. ×　5. √

**四、简答题**

1. 答:汽车起动型铅蓄电池的用途是:

(1) 发动机起动时,向起动机提供强大电流,并同时向点火系等用电设备供电;

(2)发电机电压过低(低于蓄电池端电压)时,向用电设备供电;

(3)发电机电压高于蓄电池电动势时,将发电机多余的部分电能变为化学能储存起来(充电);

(4)发电机过载时,协助发电机供电;

(5)蓄电池相当于一个大的电容器,能吸收电路中出现的瞬时过电压,保持汽车电系电压稳定,保护电路中的电子元件。

2. 答:汽车蓄电池存电不足的表现主要有:

(1)电解液相对密度下降到 1.200 以下;

(2)冬季放电超过 25%,夏季放电超过 50%;

(3)灯光比平时暗淡、喇叭沙哑,表示电力不足;

(4)起动机无力(并非起动机故障)。

3. 答:当励磁绕组有电流通过时,转子的两块爪极被磁化,形成了 N、S 极相互交错的六对磁极, 发电机工作时,磁场同时旋转,于是,定子三相绕组与磁场发生相对运动,定子绕组切割磁极磁力线,产生感生电动势, 三相定子绕组所产生的感生电动势是频率相同、最大值相同、相位相差 120°电角度的三相对称正弦交流电动势。

4. 答:汽车发电机电压调节器的作用,就是在发电机转速变化时,自动改变励磁电流的大小,使发电机输出电压保持不变。

5. 答:点火开关不但控制着点火系、仪表系电路,同时还直接或通过继电器控制着发电机励磁电路,发动机熄火后,如不及时断开点火开关,蓄电池会通过励磁绕组放电,浪费蓄电池电能,同时还容易烧坏发电机励磁绕组或调节器大功率管。

**五、看图答题**

1. 答:观察到的颜色与蓄电池状态的关系如答案图 3-11 所示。

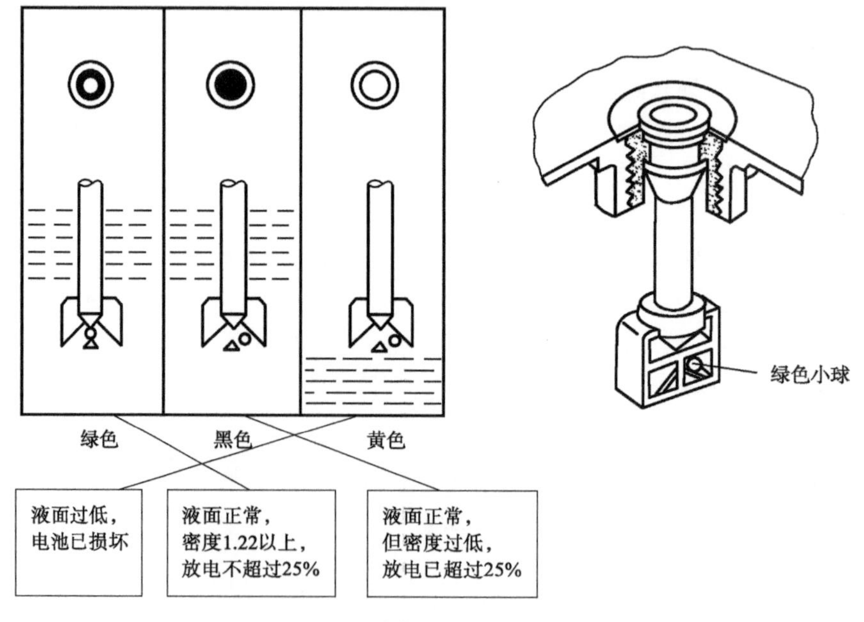


答案图 3-11

2. 答:发电机各部件的名称如答案图 3-12 所示。

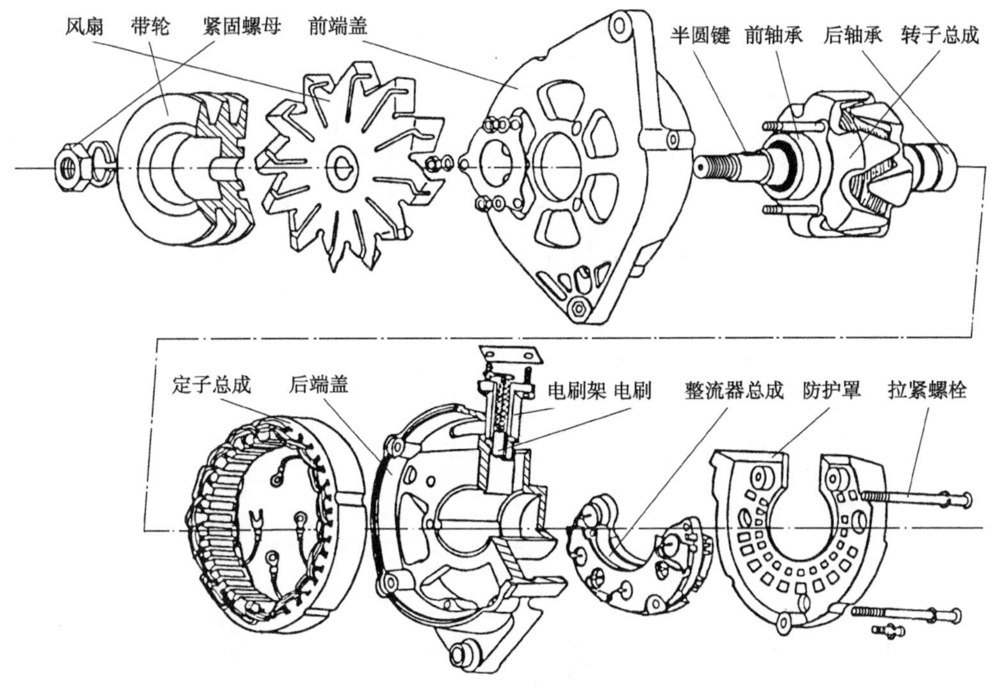


答案图 3-12

3. 答:$t_6 \sim t_7$时间内,负载电阻 R 的电流回路见答案图 3-13。

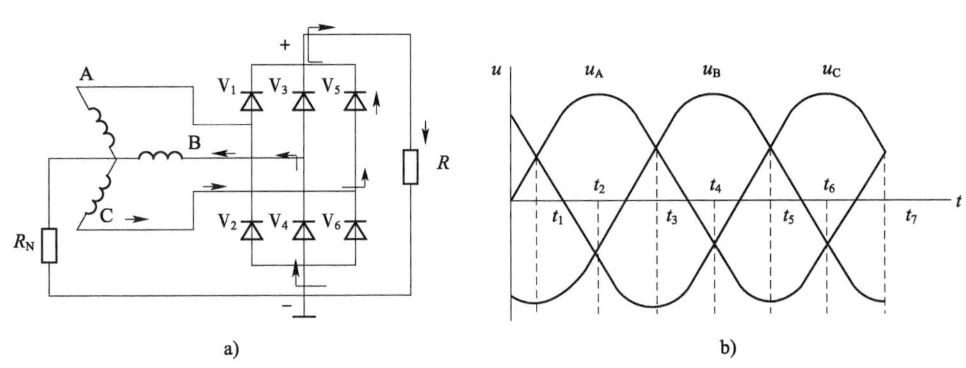


答案图 3-13

4. 答:a)测到的是二极管的正向电阻,应为 8 ~ 10Ω;

b)测量到的二极管的反向电阻,应为 10kΩ 以上。

5. 答:充电指示灯电流回路如答案图 3-14 所示。

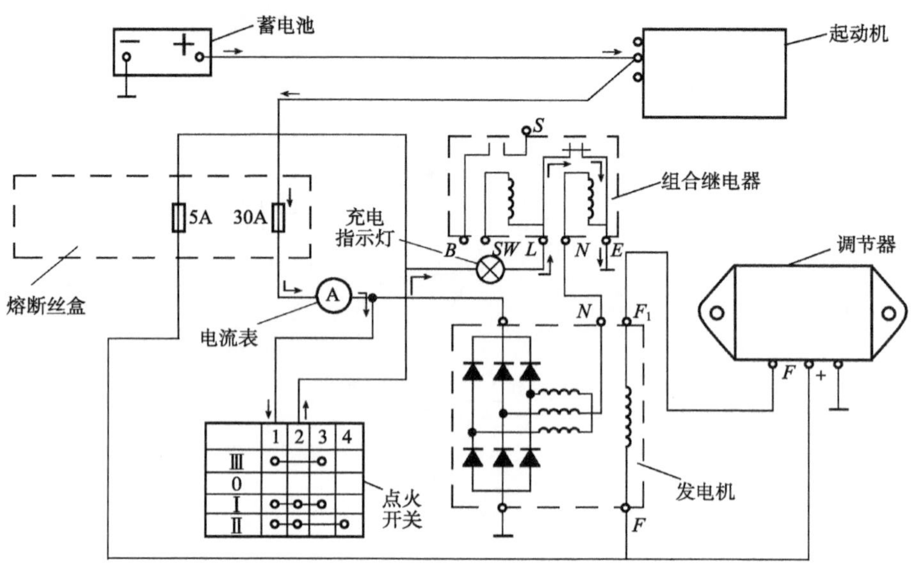


答案图 3-14

# 单元四　起　动　系

## 课题一　起动系概述

**一、填空题**

1. 静止、外力、旋转、自行运行。
2. 人力、辅助汽油机、电力。
3. 蓄电池、起动机、起动开关、起动继电器。
4. 通电、闭合、获得电流、闭合、接通。

**二、简答题**

答：无起动继电器的起动系工作过程是：

将点火开关置于起动挡时，起动机电磁开关中的线圈便获得电流，使电磁开关中的主触点闭合，将起动机主电路接通，电动机通电工作。起动后，断开点火开关起动挡，切断对电磁开关线圈的供电电流，起动机主电路将自动切断，起动机停止工作。

**三、看图答题**

答：①-点火开关；②-起动继电器；③-起动机；④-起动机电缆；⑤-搭铁电缆；⑥-蓄电池。

## 课题二　起动机的构造、拆卸、工作原理与特性

**一、填空题**

1. 直流串励式电动机、传动机构、控制机构。

2. 电枢、磁极、电刷及电刷架、壳体及端盖。

3. 转、电磁转矩、铁芯、绕组、换向器、电枢轴。

4. 传动拨叉、滚柱式、弹簧式、摩擦片式。

**二、选择题**(请将正确答案的序号填写在括号中)

1. C　2. A　3. C　4. A　5. A　6. B　7. B

**三、判断题**(对下列说法,正确的在后面的括号中划"√",错误的划"×")

1. √　2. √

**四、简答题**

1. 答:直流串励式电动机的作用是将蓄电池提供的直流电能转变为机械能,产生转矩起动发动机。

2. 答:传动机构的作用是在发动机起动时,使起动机驱动齿轮啮入发动机飞轮齿圈,将起动机转矩传给发动机曲轴。在发动机起动后,驱动齿轮自动打滑,并最终与飞轮齿圈脱离啮合。

3. 答:发动机起动时,拨叉使离合器总成沿电枢轴花键移动,驱动齿轮啮入发动机飞轮齿圈,然后起动机通电旋转,转矩由花键套筒传到十字块,十字块则随电枢旋转,这时滚珠在摩擦力的作用下滚入楔形槽的窄端被卡死,迫使驱动齿轮带动发动机飞轮旋转,起动发动机。

发动机起动后,飞轮转速升高,飞轮齿圈变为主动轮,带动驱动齿轮旋转,在摩擦力的作用下,滚珠滚入楔形槽的宽端而打滑,使发动机的转矩不能传递给电枢,防止了电枢的超速飞散。

**五、看图答题**

1. 答:起动机各部件的名称见答案图4-1。

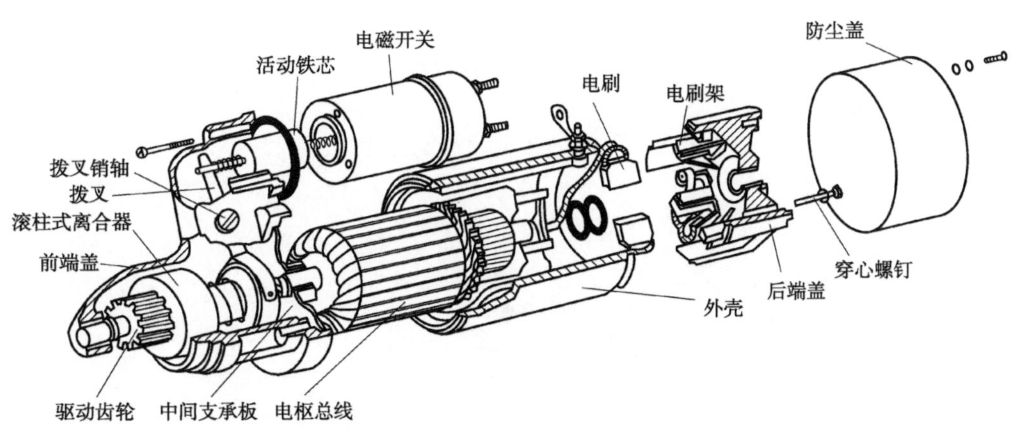


答案图 4-1

2. 答:①-换向器;②-铁芯;③-绕组;④-电枢轴。

3. 答:四个励磁绕组采用的是串联连接方式。

4. 答：滚柱式离合器的零件名称见答案图4-2。

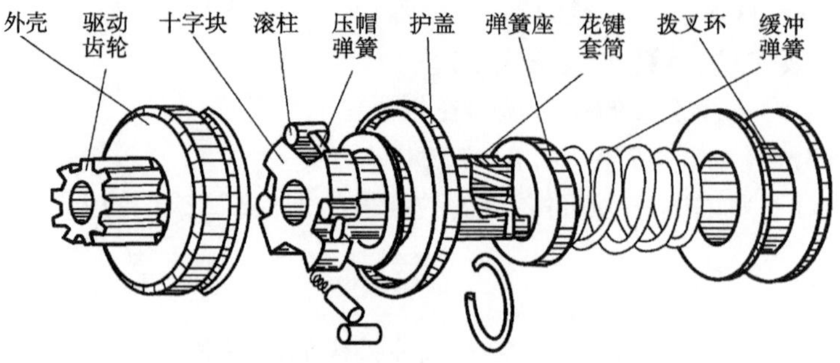


答案图4-2

5. (1)答：如答案图4-3所示，直线两端的是同一零件。

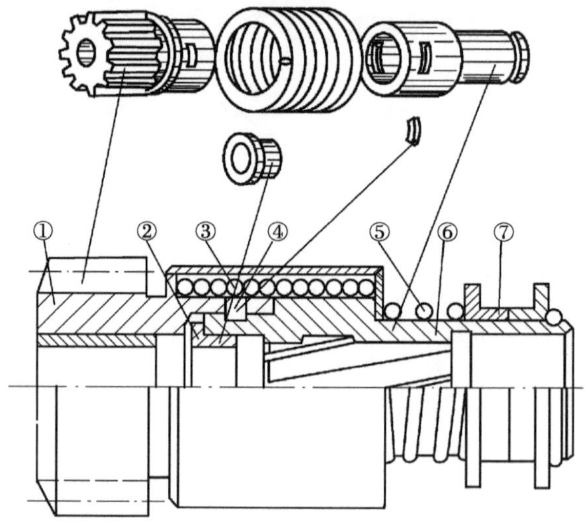


答案图4-3

(2)各零件名称：①-驱动齿轮；②-挡圈；③-扭力弹簧；④-月形键；⑤-缓冲弹簧；⑥-花键套筒；⑦-移动衬套。

6. 答：刚接通起动开关时，电磁开关内的接触盘与主触点尚未接触，电磁开关线圈电流的回路见答案图4-4。

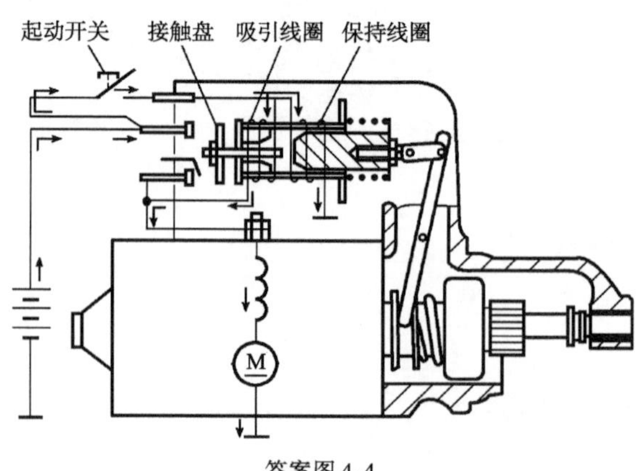


答案图4-4

7. 答:发动机起动过程中,电磁开关内的接触盘与主触点接触,线圈电流的回路如答案图 4-5 所示。

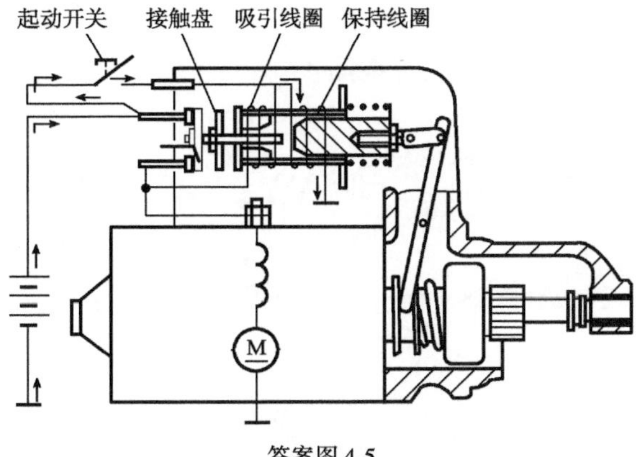


答案图 4-5

8. 答:发动机起动后,刚断开起动开关时,电磁开关内接触盘仍与主触点接触,其线圈电流的回路如答案图 4-6 所示。

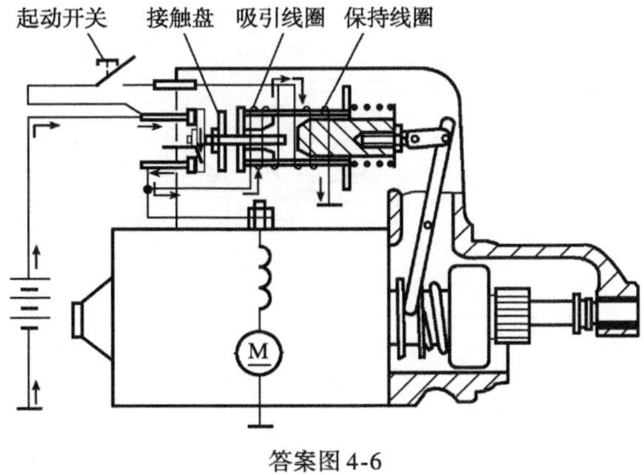


答案图 4-6

## 课题三　减速起动机与永磁起动机

**一、填空题**

1. 单向离合器、外啮合、内啮合、行星齿轮。

2. 6、滚柱式、行星齿轮。

3. 电枢轴、行星齿轮、固定内齿圈。

**二、判断题**(对下列说法,正确的在后面的括号中划“√”,错误的划“×”)

1. √　2. √

**三、简答题**

1. 答:减速起动机是在电动机的电枢轴与单向离合器的驱动齿轮之间,装有减速齿轮机构,将电动机的转速降低后,增大输出转矩,再带动驱动齿轮转动,从而起动发动机。

2. 答:减速起动机主要有以下 4 个优点:

(1)起动转矩增大,起动可靠,有利于低温起动;

(2)起动机体积小,总长度可缩短;

(3)比功率大,在输出功率相同的情况下,其质量可减少;

(4)减轻了蓄电池的负荷,提高了起动性能。

**四、看图答题**

1. 答:不同形式减速装置的名称见答案图4-7。

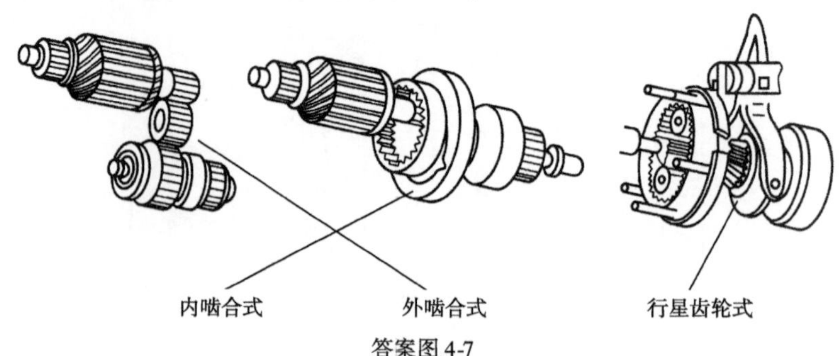


答案图4-7

2. 答:电磁线圈的电流回路及减速机构部件名称如答案图4-8所示。

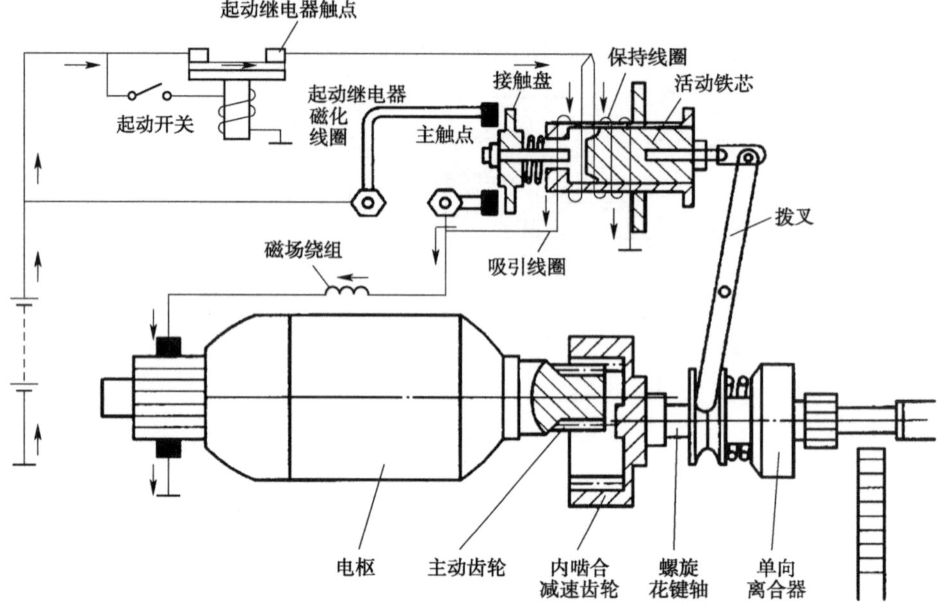


答案图4-8

3. 答:部件名称见答案图4-9。

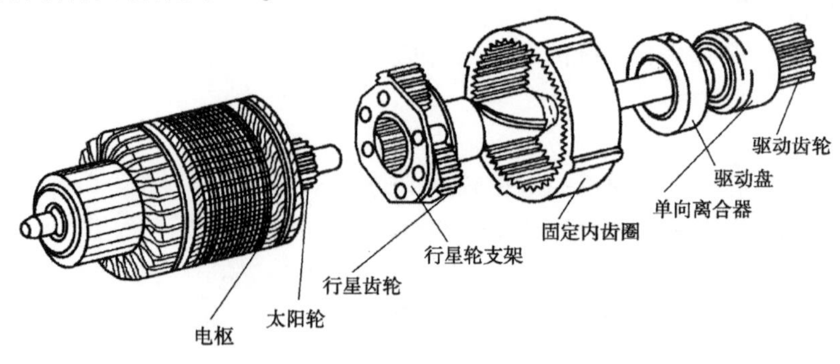


答案图4-9

## 课题四　起动机的检修与试验

**一、填空题**

1. 解体与清洗、检验和修理、装配。

2. 空载、空载转速、电路、机械。

**二、选择题**(请将正确答案的序号填写在括号中)

1. A　2. B　3. C　4. B

**三、判断题**(对下列说法,正确的在后面的括号中划“√”,错误的划“×”)

1. √　2. ×

**四、简答题**

1. 答:当电刷的高度低于原高度的2/3时,应予更换(新电刷的高度为14mm),更换的电刷应研磨其接触面,研磨后的接触面积应大于75%。

2. 答:良好的起动机应运转有力,转速均匀,无抖动现象,电刷与换向器间应无电火花。

**五、看图答题**

1. 答:检验的是电枢绕组是否搭铁,正常值应为$R \to \infty$。

2. 答:电枢正常时,该指示灯应不亮。

3. 答:正常情况下,万用表的读数应近似为0。

4. 答:检验起动机励磁绕组及接线柱是否搭铁。正常情况下,指示灯应不亮。

5. 答:a)图是在测量电磁开关吸引线圈的电阻值;b)图是在测量电磁开关保持线圈的电阻值。

## 课题五　起动机的使用、起动系电路连接及起动预热装置

**一、填空题**

1. 驻车(P)、空(N)。

2. 5s、15s。

3. 点火开关起动挡、起动继电器、触点、线圈。

**二、判断题**(对下列说法,正确的在后面的括号中划“√”,错误的划“×”)

1. ×　2. ×

**三、简答题**

1. 答:所谓起动机的驱动保护,是指发动机起动后,若未及时放松点火开关,起动机会自动停止工作;若发动机正常运转,即使将点火开关扳至起动挡,起动机也不会投入工作。

2. 答:在自动变速器上有一个开关,与点火开关起动挡串联后,再接起动机的“50”接线柱,只有自动变速器处于驻车挡(P挡)或空挡(N挡),该开关才闭合,在其他挡位上均断开,从而保证了汽车正常行驶时,起动机不能投入工作,实现了驱动保护。

**四、看图答题**

1. 无起动继电器的起动电路如答案图4-10所示。

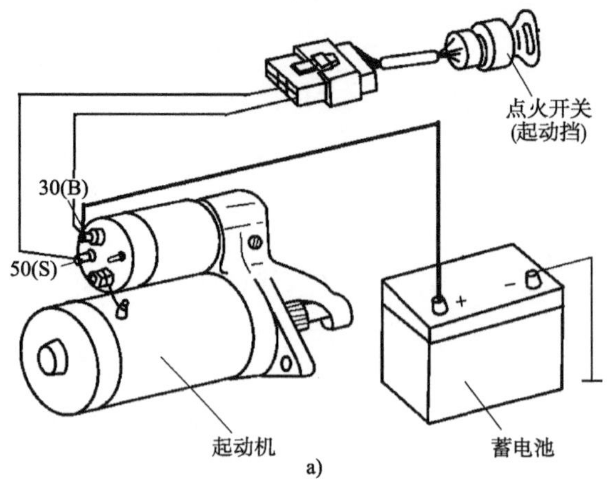


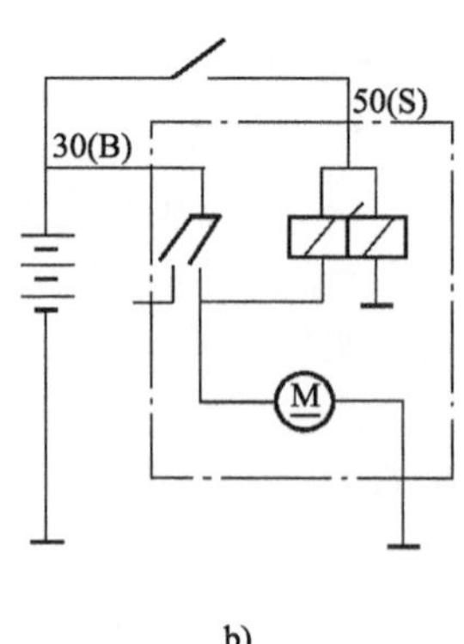


答案图 4-10

2. 带起动继电器的起动电路如答案图 4-11 所示。

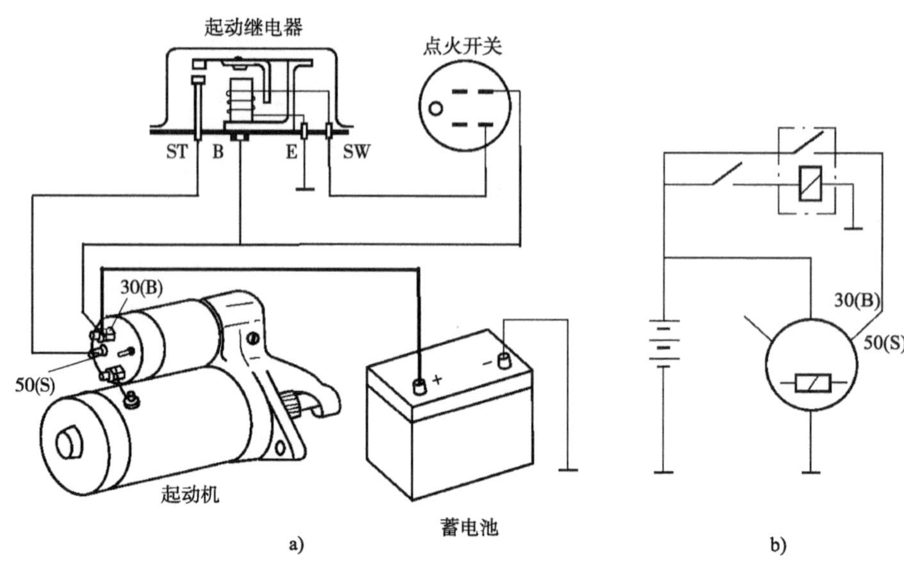


答案图 4-11

## 单元考核试题

### 一、填空题

1. 静止、外力、旋转、自行运行。
2. 蓄电池、起动机、起动开关、起动继电器。
3. 直流串励式电动机、传动机构、控制机构。

4. 传动拨叉、滚柱式、弹簧式、摩擦片式。
5. 单向离合器、外啮合、内啮合、行星齿轮。
6. 6、滚柱式、行星齿轮。
7. 解体与清洗、检验和修理、装配。
8. 驻车(P)、空(N)。
9. 起动继电器、触点、线圈。

**二、选择题**

1. C　2. C　3. A　4. C　5. B

**三、判断题**

1. √　2. √　3. √　4. ×　5. ×

**四、简答题**

1. 答:无起动继电器的起动系工作过程是:

将点火开关置于起动挡时,起动机电磁开关中的线圈便获得电流,使电磁开关中的主触点闭合,将起动机主电路接通,电动机通电工作。起动后,断开点火开关起动挡,切断对电磁开关线圈的供电电流,起动机主电路将自动切断,起动机停止工作。

2. 答:直流串励式电动机的作用是将蓄电池提供的直流电能转变为机械能,产生转矩起动发动机。

3. 答:传动机构的作用是在发动机起动时,使起动机驱动齿轮啮入发动机飞轮齿圈,将起动机转矩传给发动机曲轴。在发动机起动后,驱动齿轮自动打滑,并最终与飞轮齿圈脱离啮合。

4. 答:良好的起动机应运转有力,转速均匀,无抖动现象,电刷与换向器间应无电火花。

5. 答:在自动变速器上有一个开关,与点火开关起动挡串联后,再接起动机的"50"接线柱,只有自动变速器处于驻车挡(P 挡)或空挡(N 挡),该开关才闭合,在其他挡位上均断开,从而保证了汽车正常行驶时,起动机不能投入工作,实现了驱动保护。

**五、看图答题**

1. 答:起动机各部件的名称如答案图 4-12 所示。

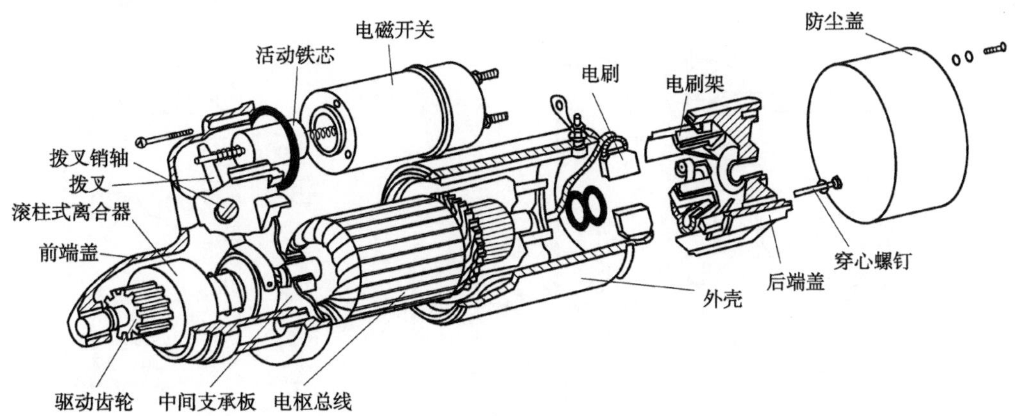


答案图 4-12

2. 答:(1)零件的对应关系见答案图 4-13。

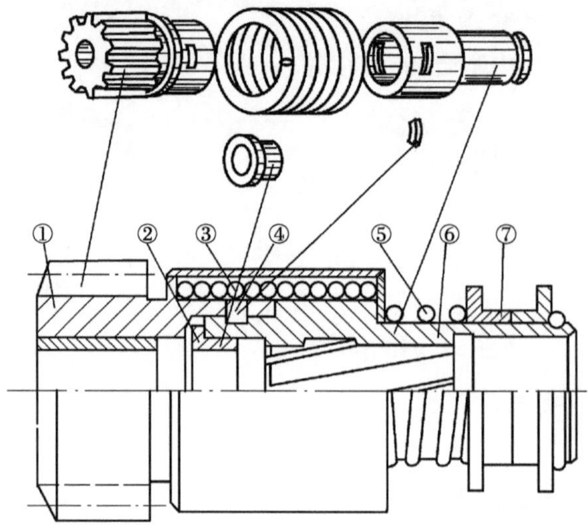


答案图 4-13

（2）各零件名称：①-驱动齿轮；②-挡圈；③-扭力弹簧；④-月形键；⑤-缓冲弹簧；⑥-花键套筒；⑦-移动衬套。

3. 答：三种形式减速装置的名称如答案图 4-14 所示。

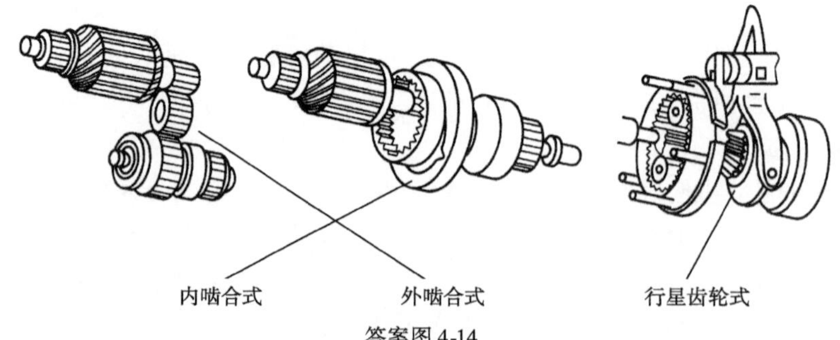


答案图 4-14

4. 答：检验的是电枢绕组是否搭铁，正常值应为 $R\to\infty$。

5. 答：无起动继电器的起动电路如答案图 4-15 所示。

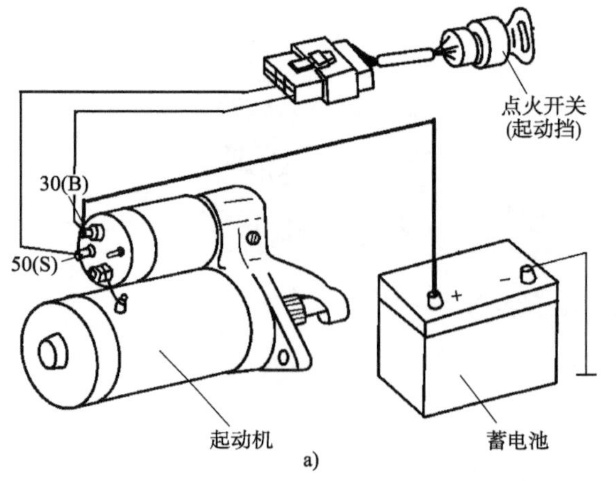


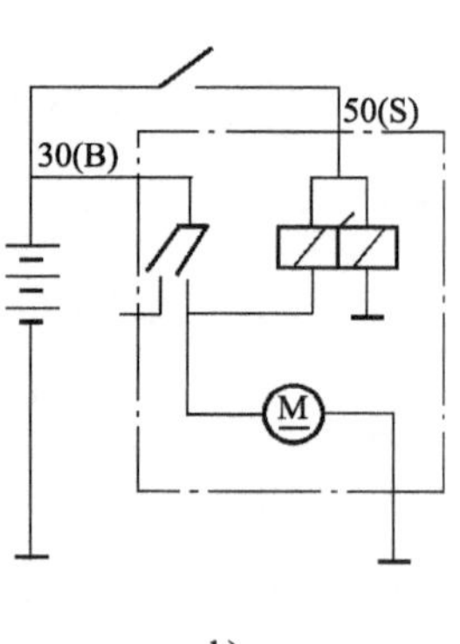


答案图 4-15

# 单元五　点　火　系

## 课题一　传统点火系

**一、填空题**

1. 传统点火系、电子点火系、微机控制点火系。

2. 击穿电压。

3. 曲轴、最佳点火提前角。

4. 点火开关、点火线圈。

5. 开磁路式、闭磁路式、开磁路式点火线圈、闭磁路式点火线圈。

6. 分电器盖、分火头。

7. 离心式点火提前机构、真空式点火提前机构。

8. 氧化铝陶瓷绝缘体、中心电极。

9. 绝缘体裙部的长度、热型、中型、冷型。

10. 次级电压。

**二、选择题**(请将正确答案的序号填写在括号中)

1. A　2. C　3. A　4. A　5. A

**三、判断题**(对下列说法,正确的在后面的括号中划"√",错误的划"×")

1. ×　2. √　3. ×　4. √ 5. ×　6. √　7. √　8. √　9. √　10. √

**四、简答题**

1. 答:汽车发动机是利用空气—燃油混合气在汽缸中燃烧而产生热能,并将热能向外做功的一种装置。在柴油发动机中,汽缸内混合气是靠混合气压缩后产生的高温自行燃烧的;而在汽油发动机中,汽缸内压缩后的混合气需借助外加火花点燃。

2. 答:(1)火花塞的作用是将点火线圈产生的高压电引入燃烧室,并在其间隙中产生电火花,点燃混合气。

(2)要求火花塞必须具有足够的机械强度、能够承受冲击性高压电的作用、能承受剧烈的温度变化且具有良好的热特性,并要求火花塞的材料能抵抗燃气的腐蚀。

3. 答:一般选用火花塞的基本原则是,发动机的功率大,压缩比高,转速高,应选用冷型火花塞,反之则选用热型火花塞。通常压缩比小的发动机,宜使用热型火花塞。

4. 答:影响点火系次级电压的因素有:

(1)发动机转速和汽缸数 次级电压的最大值随发动机转速的升高、汽缸数的增加而呈下降趋势。

(2)火花塞积炭 积炭会使次级电压下降,积炭严重的汽缸易缺火。

(3)触点间隙 缺点间隙过大或过小,都会降低次级电压。

(4)初次级电容 电容过大或过小都会使次级电压降低。

(5)点火线圈温度 点火线圈温度过高会使次级电压降低,造成发动机工作不良。

(6)导线接触情况 低压电路和高压电路的导线接触不良，都会增大电路的接触电阻，使次级电压降低。

5. 答：汽油机汽缸内的混合气由点火系所产生的高压电火花点燃。点火系的作用是将蓄电池或发电机提供的低压电变为高压电，按照发动机的工作顺序和点火时间的要求，适时、准确地将高压电分配给各缸火花塞，使之跳火，点燃可燃混合气。

6. 答：汽油发动机对点火系的要是：

(1)能产生足以击穿火花塞间隙的高电压。

(2)火花塞产生的点火花应具有足够的能量。

(3)点火时间要适当。

7. 答：点火提前角过大(点火过早)，则燃烧完全在压缩过程中进行，汽缸内压力急剧上升，给正在上升的活塞一个很大的阻力，不仅使发动机功率下降、油耗增加，还会引起爆燃。

点火提前角过小(点火过晚)，则活塞下行时混合气才燃烧，从而使汽缸中压力降低，发动机功率下降，同时由于炽热的气体与汽缸壁接触面积增大，热损失增大，导致发动机过热，油耗增大。

8. 答：电极间隙过小，火花微弱，并且容易产生积炭而漏电；电极间隙过大，所需的击穿电压增高，发动机不易起动，且在高速时易发生"缺火"。

9. 答：传统点火系的工作过程可分为以下3个阶段：

(1)触点闭合、初级电流增长；

(2)触点打开、次级绕组产生高压电；

(3)火花塞电极间火花放电。

**五、看图答题**

1. 答：传统点火系的组成部件名称见答案图5-1。

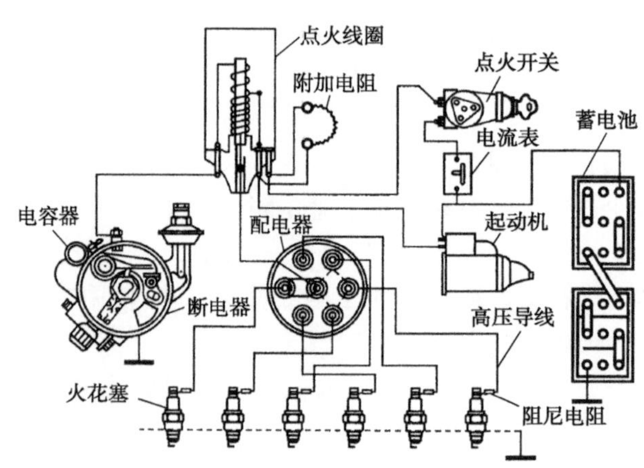


答案图5-1

2. 答:传统点火系高压电路电流回路见答案图5-2。

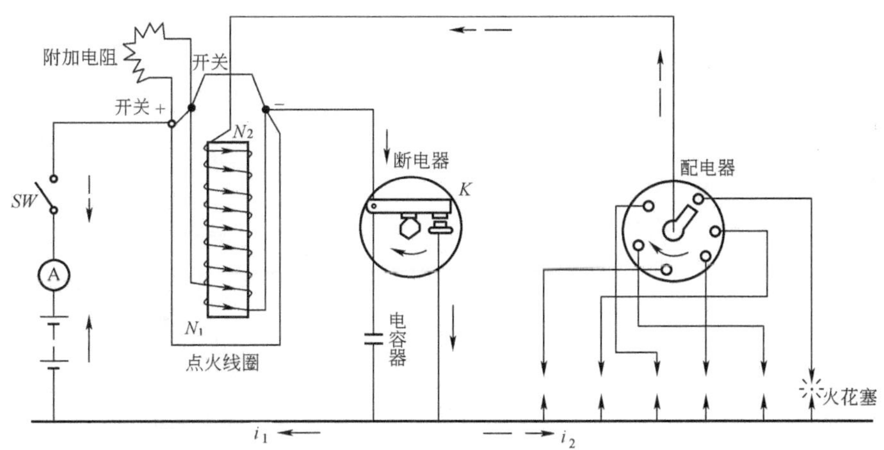


答案图5-2

## 课题二　电子点火系

**一、填空题**

1. 半导体器件、初级电流。
2. 磁感应式、霍尔效应式。
3. 断电器触点、大功率晶体三极管。
4. 断电器、电量。
5. 电磁感应。
6. 霍尔式分电器、离心提前机构、真空提前机构。
7. 矩形方波、点火控制器。
8. 限流控制功能、闭合角控制功能。
9. 光电效应、电子点火控制器。
10. 振荡线圈 $L_1$、正反馈线圈 $L_2$。

**二、选择题**(请将正确答案的序号填写在括号中)

1. A　2. C　3. B

**三、判断题**(对下列说法,正确的在后面的括号中划"√",错误的划"×")

1. √　2. √　3. ×

**四、简答题**

1. 答:当信号转子的凸齿逐渐向铁芯靠近时,感应电动势最高,这时感应电动势的方向为:A端"+"、B端"−"。

当信号转子转到凸齿与铁芯中心线对齐时,传感线圈中的感应电动势为零。

当信号转子转离开正对的铁芯头部时,线圈的感应电动势反向最高,这时感应电动势的方向为:A端"−"、B端"+"。

2. 答:光电式电子点火系是利用光敏元件（光敏三极管或光敏二极管）的光电效应原理,制成光电式点火信号发生器,借光束进行触发产生点火信号,输给电子点火控制器以达到控制点火的目的。

3. 答:振荡式电子点火系是利用振荡式传感器作为开关电路的触发器来控制大功率管的导通与截止,即控制点火线圈初级电路的通、断,在次级绕组中产生高电压来实现点火的。

**五、看图答题**

答:桑塔纳轿车霍尔式电子点火系部件见答案图5-3。

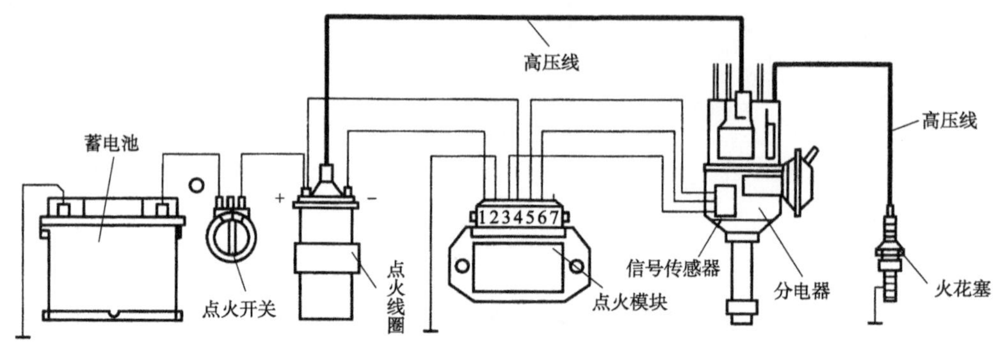


答案图5-3

## 课题三　微机控制点火系

**一、填空题**

1. 通电时间、点火提前角。
2. 同时点火、独立点火。
3. 高压二极管、相反。
4. 相同、接通、切断。
5. 发动机电子控制单元、点火线圈。
6. 转速、负荷。
7. 闭合角。
8. 开环控制、闭环控制。
9. 存储器(ROM)。
10. 固定。

**二、选择题**(请将正确答案的序号填写在括号中)

1. A　2. B　3. A　4. B　5. A

**三、判断题**(对下列说法,正确的在后面的括号中划"√",错误的划"×")

1. √　2. ×　3. √　4. √　5. √　6. √　7. √　8. √　9. ×　10. ×

**四、简答题**

1. 答:汽油发动机采用微机控制点火系能将点火提前角控制在最佳值,使可燃混合气燃烧后产生的温度和压力达到最大值,从而提高发动机的动力性,同时还能提高燃油经济性和减少有害气体的排放量。

2. 答:(1)暖机修正。当冷却液温度较低时,ECU 增大点火提前角,使发动机尽快暖机,随冷却液温度的升高,点火提前角相应减小。

(2)怠速稳定性修正。发动机在怠速运转时,由于发动机负荷变化(如空调、动力转向等)而使转速改变,ECU 随时调整点火提前角。

(3)过热修正。当冷却液温度过高时,ECU 将点火提前角增大,避免发动机长时间过热。

(4)空燃比反馈修正。ECU 根据氧传感器的反馈信号对空燃比进行修正。

**五、看图答题**

1. 答:微机控制点火系的组成图中,三大部分组成与实物的连接关系见答案图 5-4。

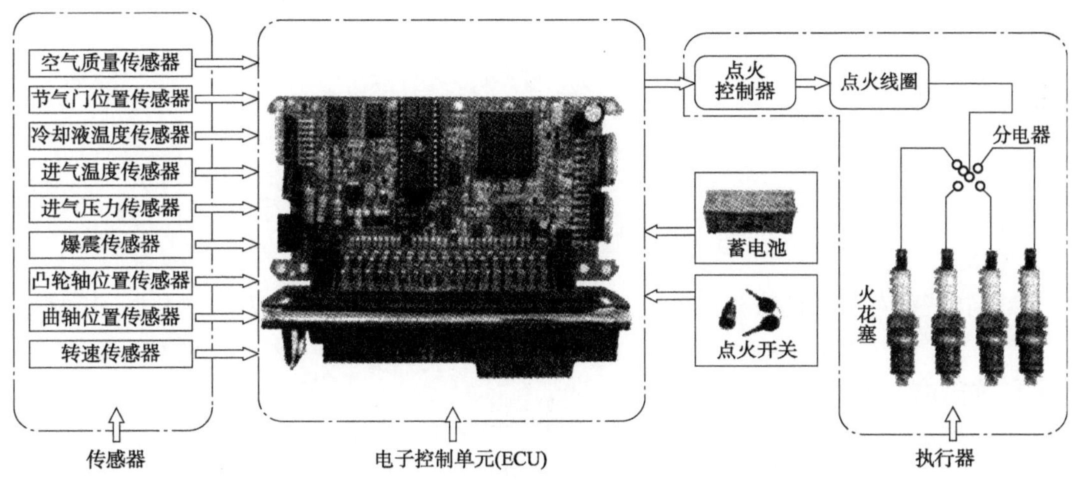


答案图 5-4

2. 答:二极管分配式电子点火系工作原理图中,初级绕组和火花塞上电流流向见答案图 5-5。

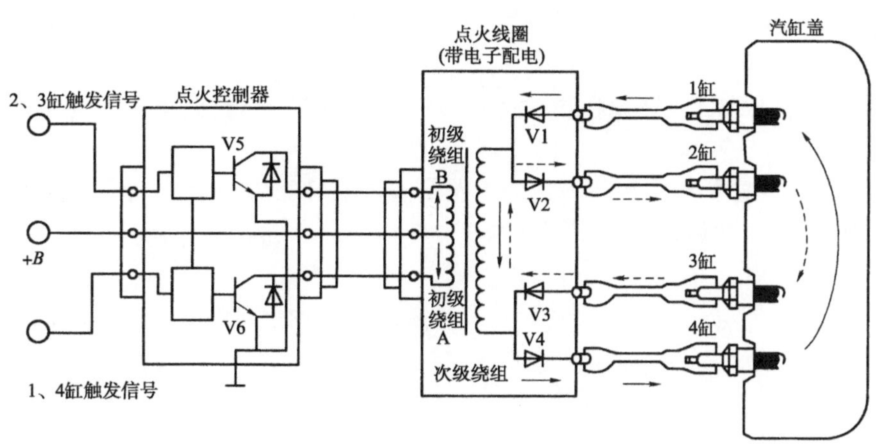


答案图 5-5

3 答:微机控制点火系爆震闭环控制框图见答案图 5-6。

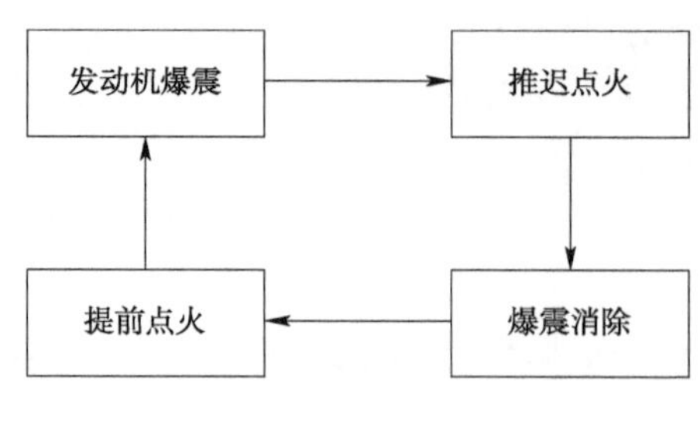


答案图 5-6

## 课题四　点火系的维护与故障诊断

**一、填空题**

1. 短路、断路。

2. 黑色或灰黑色。

3. 12V。

4. ECU。

5. 故障代码。

**二、判断题**(对下列说法,正确的在后面的括号中划"√",错误的划"×")

1. √　2. √　3. ×　4. √　5. √

**三、简答题**

1. 答:闭磁路点火线圈主要故障有一次或二次绕组短路、断路或搭铁,绝缘盖破裂。

(1)查看点火线圈的外观,若绝缘盖破裂或外壳有裂纹,高压插座接触不良,应进行维修或更换。

(2)点火线圈一次、二次绕组直流电阻的检查。用万用表电阻挡检测点火线圈各端子之间的直流电阻,应符合维修手册的要求。

2. 答:原因:

(1)若各缸火花塞均出现较严重积炭,主要原因为混合气过浓、点火线圈点火性能下降及火花塞选型不对等。

(2)若只是个别汽缸火花塞积炭,主要原因为气门关闭不严、火花塞间隙过小、高压线漏电及窜机油等。

排除方法:火花塞积炭可以用专用的火花塞清洁试验器进行清洁,也可以用清洁剂清洁或泡在煤油中一段时间后用钢丝刷刷干净。

**四、看图答题**

大众爆震传感器电路图中爆震传感器和爆震传感器的信号线见答案图 5-7。

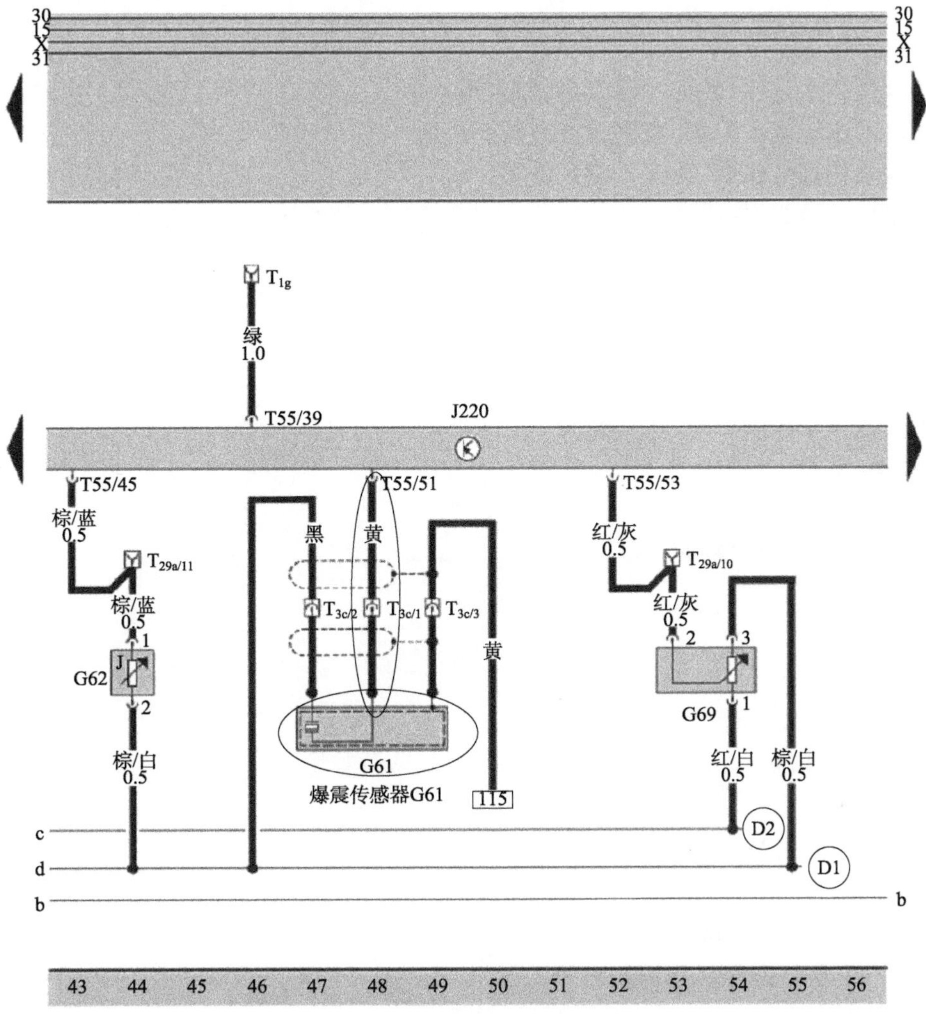


G61 —爆震传感器，在曲轴箱左侧

G62 —冷却温度传感器，在发动机左侧出水管上面

G69 —节气门位置传感器，在发动机右侧，进气歧管后部

J220 — Motronic发动机控制单元，在仪表板左侧下方

$T_{1g}$ —1针插头，黑色，检查怠速时用于测量点火提前角的专用接地插头，在蓄电池左侧支架旁

T3c —3针插头，蓝/白色，在发动机舱中间水管支架上

T29a—29针插头，白色，在左A柱旁

T55 —55针插头，黑色，在发动机控制单元上

(D1) —搭铁连接线，在发动机线束内

(D2) —正级连接线，在发动机线束内

答案图 5-7 Motronic 发动机控制单元、爆震传感器、冷却温度传感器、节气门位置传感器

## 单元考核试题

**一、填空题**

1. 压缩行程上止点、曲轴、最佳点火提前角。

2. 离心式点火提前机构、真空式点火提前机构。

3. 绝缘体裙部的长度、热型、中型、冷型。

4. 磁感应式、霍尔效应式。

5. 电磁感应。

6. 霍尔式分电器、离心提前机构、真空提前机构。

7. 光电效应、电子点火控制器。

8. 振荡线圈 $L_1$、正反馈线圈 $L_2$。

9. 发动机电子控制单元、点火线圈。

10. 转速、负荷。

11. 固定。

12. 开环控制、闭环控制。

13. 12V。

14. ECU。

15. 短路、断路。

**二、选择题**

1. A　2. C　3. A　4. B　5. B

**三、判断题**

1. ×　2. √　3. √　4. ×　5. ×

**四、简答题**

1. 答：对点火系的要是：

(1)能产生足以击穿火花塞间隙的高电压。

(2)火花塞产生的点火花应具有足够的能量。

(3)点火时间要适当。

2. 答：电极间隙过小，火花微弱，并且容易产生积碳而漏电；电极间隙过大，所需的击穿电压增高，发动机不易起动，且在高速时易发生“缺火”。

3. 答：当信号转子的凸齿逐渐向铁芯靠近时，感应电动势最高，这时感应电动势的方向为：A 端“ + ”、B 端“ - ”。

当信号转子转到凸齿与铁芯中心线对齐时，传感线圈中的感应电动势为零。

当信号转子转离开正对的铁芯头部时，线圈的感应电动势反向最高，这时感应电动势的方向为：A 端“ - ”、B 端“ + ”。

4. 答：点火提前交的修正有：

(1)暖机修正。当冷却液温度较低时，ECU 增大点火提前角，使发动机尽快暖机，随冷却液温度的升高，点火提前角相应减小。

(2)怠速稳定性修正。发动机在怠速运转时，由于发动机负荷变化(如空调、动力转向等）而使转速改变，ECU 随时调整点火提前角。

（3）过热修正。当冷却液温度过高时，ECU 将点火提前角增大，避免发动机长时间过热。

（4）空燃比反馈修正。ECU 根据氧传感器的反馈信号对空燃比进行修正。

5. 答：闭磁路点火线圈主要故障有一次或二次绕组短路、断路或搭铁，绝缘盖破裂。

（1）查看点火线圈的外观，若绝缘盖破裂或外壳有裂纹，高压插座接触不良，应进行维修或更换。

（2）点火线圈一次、二次绕组直流电阻的检查。用万用表电阻挡检测点火线圈各端子之间的直流电阻，应符合维修手册的要求。

**五、看图答题**

1. 答：桑塔纳轿车霍尔式电子点火系部件名称见答案图 5-8。

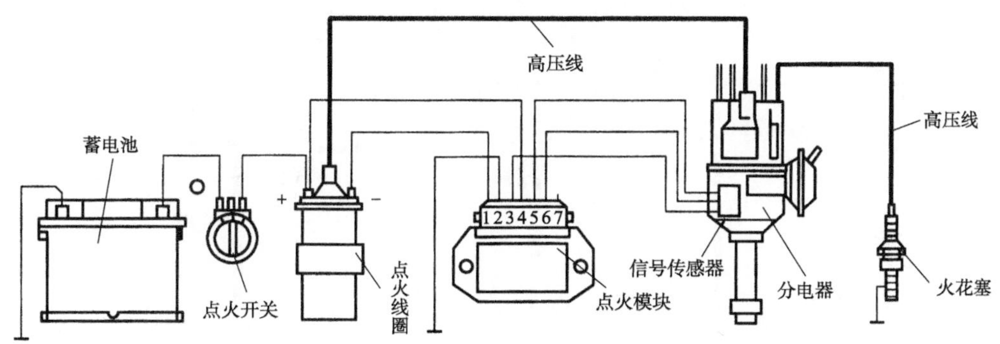


答案图 5-8

2. 大众爆震传感器电路图中爆震传感器和爆震传感器的信号线见答案图 5-9。

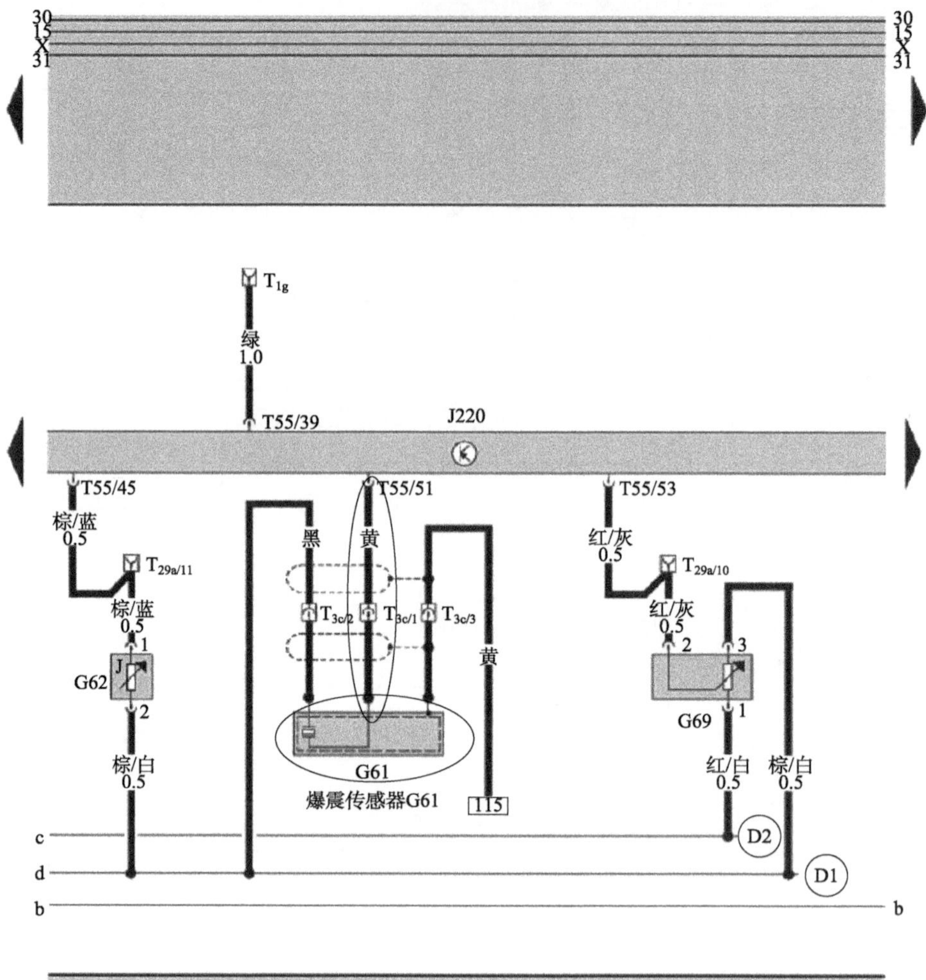


G61 —爆震传感器，在曲轴箱左侧

G62 —冷却温度传感器，在发动机左侧出水管上面

G69 —节气门位置传感器，在发动机右侧，进气歧管后部

J220 — Motronic发动机控制单元，在仪表板左侧下方

$T_{1g}$ —1针插头，黑色，检查怠速时用于测量点火提前角的专用接地插头，在蓄电池左侧支架旁

T3c —3针插头，蓝/白色，在发动机舱中间水管支架上

T29a—29针插头，白色，在左A柱旁

T55 —55针插头，黑色，在发动机控制单元上

(D1) —搭铁连接线，在发动机线束内

(D2) —正级连接线，在发动机线束内

答案图 5-9 Motronic 发动机控制单元、爆震传感器、冷却温度传感器、节气门位置传感器

# 单元六　照明、信号、仪表与安全设备

## 课题一　照 明 装 置

**一、填空题**

1. 照明灯、信号灯、外部灯具、内部灯具。

2. 反射镜、配光镜、带对焦盘的前照灯灯泡。

3. 可拆式、半封闭式、封闭式。

4. 投射式前照灯、高亮度弧光灯(氙灯)、LED 前照灯。

5. 发光强度、光束照射位置。

**二、选择题**(请将正确答案的序号填写在括号中)

1. C　2. A　3. B　4. B　5. B

**三、判断题**(对下列说法,正确的在后面的括号中划"√",错误的划"×")

1. ×　2. √　3. ×　4. ×　5. √

**四、简答题**

1. 答:车前照灯照明的基本要求如下:

①应能保证车前明亮而均匀的照明,使驾驶员能看清车前 100m 内路面上的障碍物,现代高速汽车其照明距离已达到 200 ~ 400m。

②应能防止炫目,以免夜间两车交会时,使对面来车驾驶员炫目而造成交通事故。

2. 答:用幕式检测法时,车辆空载,允许乘坐一名驾驶员,前照灯在距离屏幕 10m 处,且对正屏幕。在屏幕上画一条汽车中心垂直线 $A—A$ 和一条前照灯中心点离地高度水平线 $A'—A'$,在 $A'—A'$ 下方画出离地面 $0.6H \sim 0.8H$($H$ 为前照灯基准中心高度)水平线 $B—B$,并找出近光光束照射中心 $a$、$b$ 作为近光测试的基准。其测试结果应符合要求。非对称配光的明暗截止线应与 $B—B$ 线重合,转角点应与 $a$、$b$ 点重合,转角为 15°。

3. 答:北京切诺基汽车照明系具有下列特点:

①车灯开关为独立式不与组合开关合为一体,位于仪表板左侧。向外拉出开关手柄一档,示位灯、内部照明灯及牌照灯亮;向外拉出开关手柄二档,一档接通的灯仍发亮的同时前照灯发亮。旋转开关手柄,可调节仪表灯亮度。逆时针旋转开关手柄到底,顶灯亮。

②变光开关设在组合开关上,由手柄控制。向上拨动变光开关手柄,可使前照灯远光与近光灯交替通电闪烁,作为超车用灯光信号。变光开关控制前照灯火线支路。

③雾灯不但受雾灯继电器、雾灯开关控制,其电源电路还受车灯开关、变光开关控制。只有在近光灯亮时,雾灯电路才能接通。

④顶灯还兼有监视车门关起的作用,当车门未关严时顶灯发亮以示报警。

**五、看图答题**

1. 答:汽车外部灯具名称如答案图 6-1 所示。

答案图 6-1

2. 答：前照灯白炽灯泡结构名称如答案图 6-2 所示。

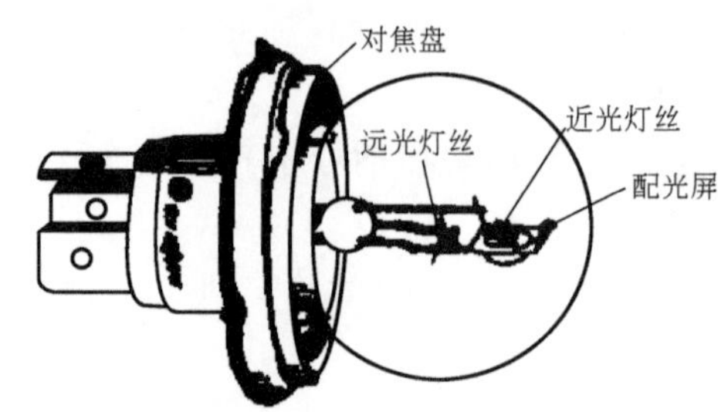


答案图 6-2

3. 答：前照灯卤素灯类型名称如答案图 6-3 所示。

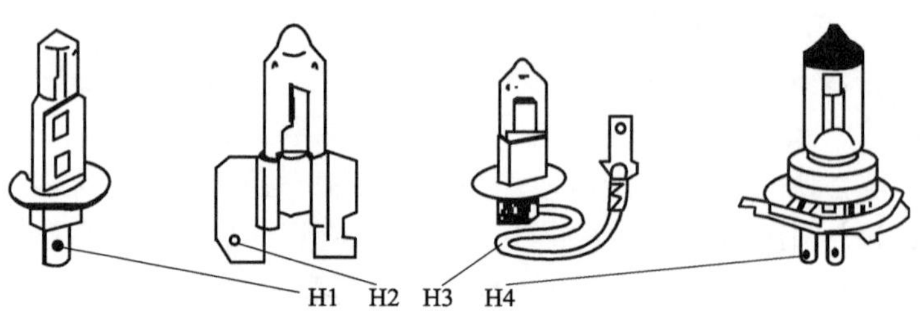


答案图 6-3

4. 答：半封闭式前照灯构造及部件名称如答案图 6-4 所示。

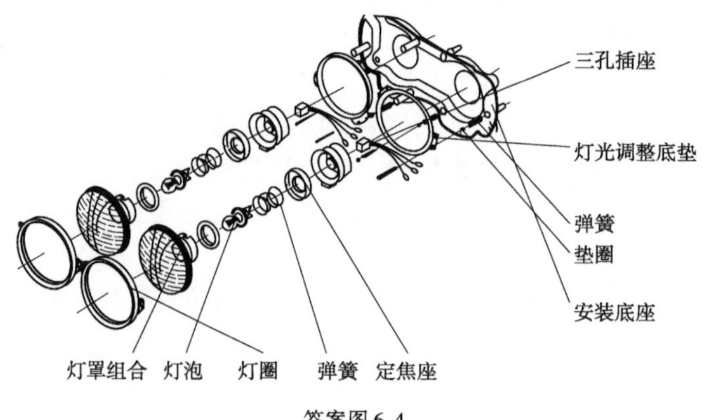


答案图 6-4

5. 答：封闭式前照灯结构名称如答案图 6-5 所示。

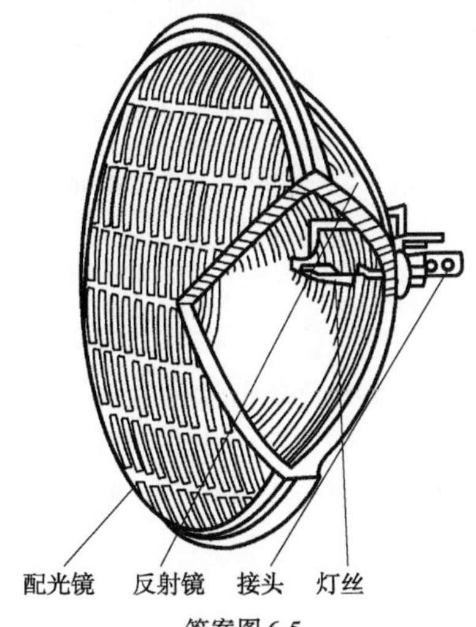


答案图 6-5

6. 答：通过调整灯座上的上下、左右调整螺钉来调整前照灯照射位置，如答案图 6-6 所示。

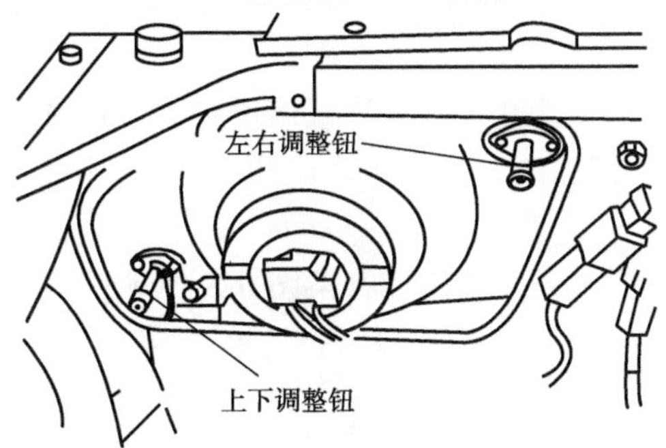


答案图 6-6

7. 答：其牌照灯电流流向如答案图 6-7 所示。

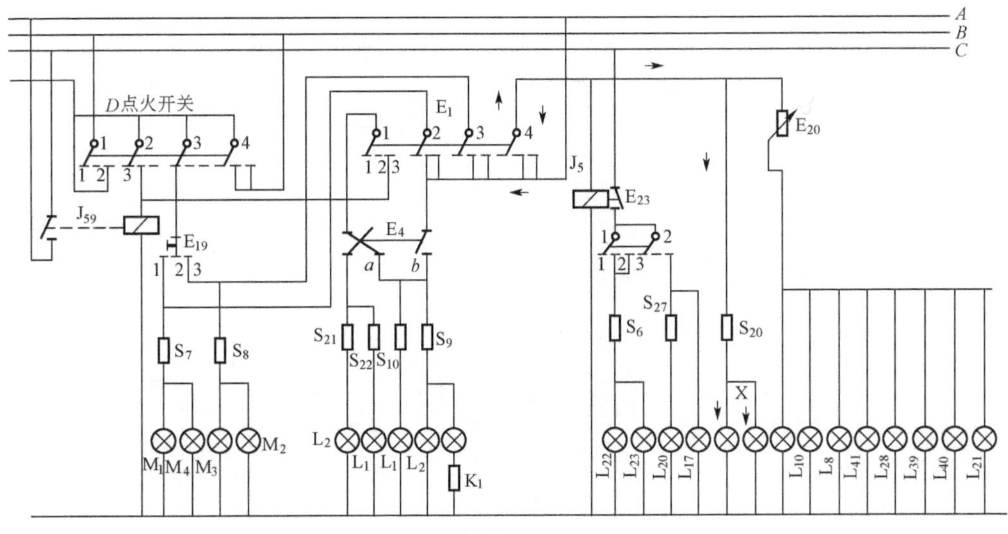


答案图 6-7

# 课题二 信号装置

## 一、填空题

1. 灯光、音响。

2. 闪光器、转向灯开关、报警灯开关、转向灯、转向指示灯。

3. 电热式、电容式、电子式。

4. 液压式、气压式、机械式。

5. 高音、低音。

## 二、选择题(请将正确答案的序号填写在括号中)

1. D 2. A 3. C

## 三、判断题(对下列说法,正确的在后面的括号中划“√”,错误的划“×”)

1. × 2. √ 3. √ 4. √

## 四、简答题

答:转向灯及危险报警灯电路由闪光器、转向灯开关、报警灯开关、转向灯及转向指示灯等部件组成。转向灯闪烁由闪光器控制电流断续得到,转向信号闪光器与危险报警闪光器可以共用,也可以单独设置。

转向灯的作用是指示汽车的行驶趋向;当接通危险报警灯开关时,前后左右全部转向灯同时闪烁,表示车辆遇紧急情况,请求其他车辆避让。

## 五、看图答题

1. 答:根据倒车信号电路各部分名称如答案图 6-8 所示。

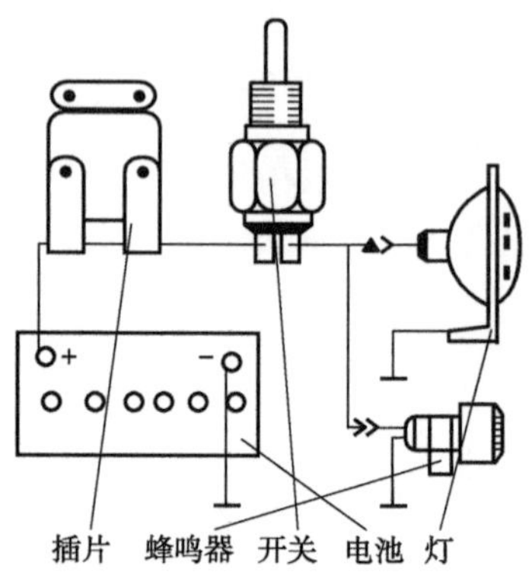


答案图 6-8

2. 答:电喇叭外形、名称图如答案图 6-9 所示。

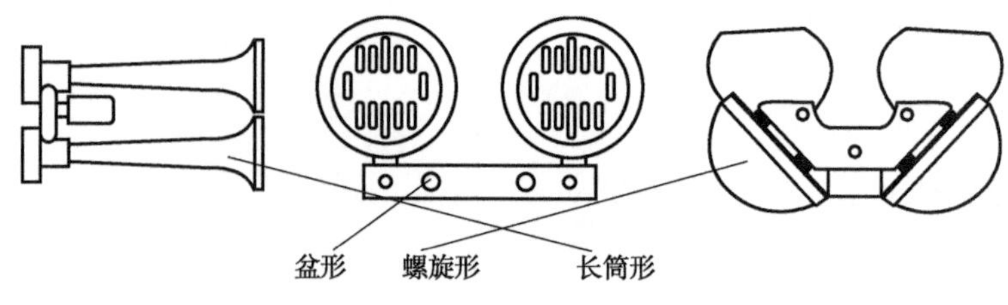


答案图 6-9

3. 答:盆形电喇叭铁芯气隙无法直接测量,其音调、音量调整部位如答案图 6-10 所示。

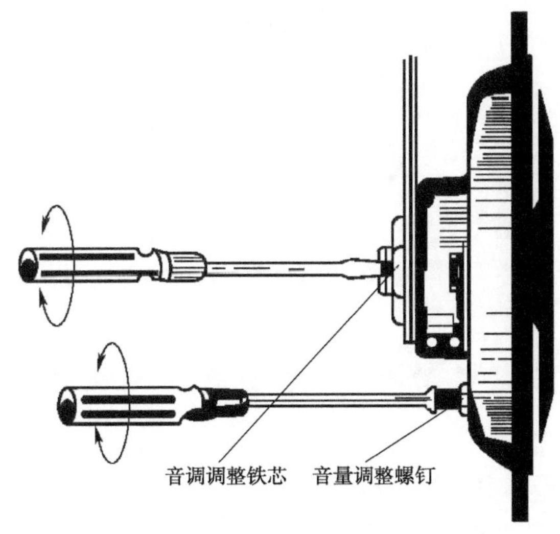


答案图 6-10

## 课题三　汽车常见仪表及电子显示装置

**一、填空题**

1. 动铁式(电磁式)、动磁式。
2. 正极、电枢接线柱(B)。
3. 车速表、里程表。
4. 报警灯、报警灯开关。
5. 电热式、电子式。

**二、选择题**(请将正确答案的序号填写在括号中)

1. C　2. A　3. C

**三、判断题**(对下列说法,正确的在后面的括号中划"√",错误的划"×")

1. ×　2. √　3. ×　4. √　5. ×

**四、简答题**

答:电子显示装置的优点有:

①电子显示装置能提供大量、复杂的信息;
②能满足小型、轻量化的要求;
③显示图形设计的自由度高;
④具有高精度和高可靠性;
⑤具有一表多用的功能。

**五、看图答题**

答:磁感应式车速里程表的结构、部件名称如答案图 6-11 所示。

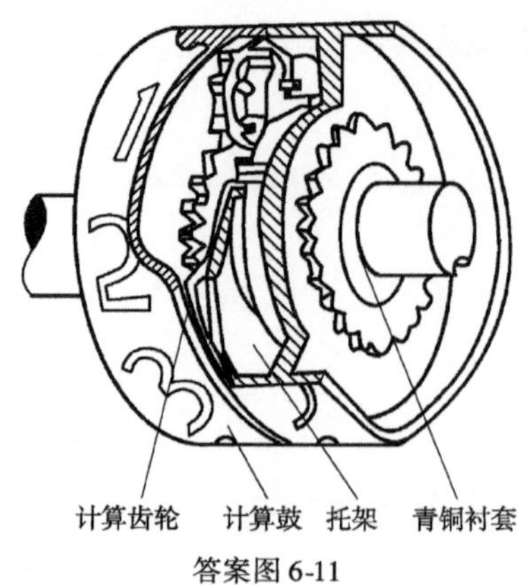


答案图 6-11

## 课题四 电动车窗、电动后视镜及电动座椅

### 一、填空题

1. 电动机、减速装置、车窗、车窗升降器、开关。

2. 镜面玻璃、双永磁式电动机、连接件、控制开关、传动机构、壳体。

3. 滑动与垂直调节开关、靠背与头枕调节开关、腰部支撑调节开关。

### 二、选择题(请将正确答案的序号填写在括号中)

1. B 2. A

### 三、判断题(对下列说法,正确的在后面的括号中划"√",错误的划"×")

1. √ 2. × 3. ×

### 四、简答题

答:调整右外侧后视镜角度时,先将点火开关处于 ON 位置,再将组合开关 M 的旋钮旋至 R(右)位置,左、右拨动组合开关 M 的旋钮,可控制电机 $V_{33\text{-}1}$ 电枢电流的方向,带动右外侧后视镜左右摆动;上下拨动组合开关 M 的旋钮,可控制电机 $V_{33\text{-}2}$ 电枢电流的方向,带动右外侧后视镜上下摆动。

### 五、看图答题

答:桑塔纳 2000 系列轿车电动车门玻璃升降器结构名称如答案图 6-12 所示。

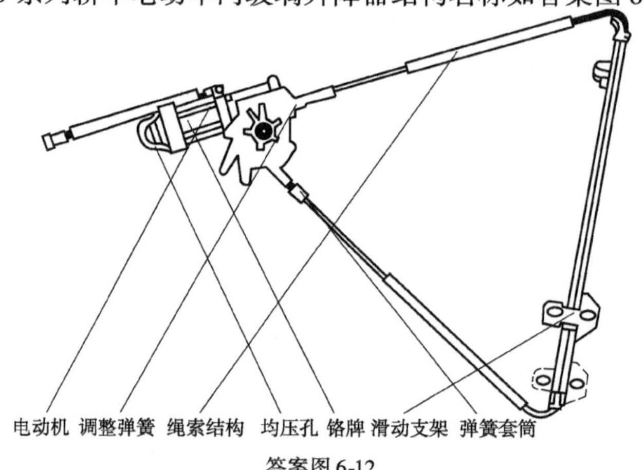


答案图 6-12

## 课题五 刮水器与洗涤装置

**一、填空题**

1. 真空式、气动式、电动式。
2. 绕线式、永磁式。
3. 手动控制、脚踏控制、电机驱动。
4. 可调节型、不可调节型。
5. 永磁直流电动机、离心叶片泵。

**二、选择题**(请将正确答案的序号填写在括号中)

1. A 2. D 3. C

**三、判断题**(对下列说法,正确的在后面的括号中划"√",错误的划"×")

1. √ 2. × 3. √ 4. × 5. ×

**四、简答题**

答:根据电路图,当 $E_{22}$ 处于1位(将开关手柄推至最前端)时,刮水电动机 V 的电路被接通,回路为:蓄电池正极→中间继电器 $J_{59}$ 的触点→熔断丝 $S_{11}$→刮水器开关 $E_{22}$ 的第1掷→电刷 $B_2$→电枢→电刷 $B_3$→搭铁→蓄电池负极。因电动机合成磁场较弱,电动机转速较高。

**五、看图答题**

答:风窗洗涤装置的构造名称如答案图6-13所示。

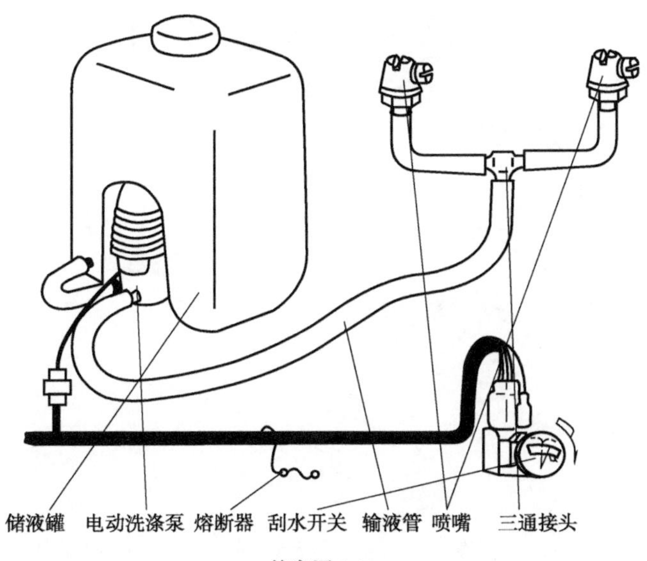


答案图6-13

## 课题六 中央门锁与防盗报警系统

**一、填空题**

1. 门锁开关、门锁执行机构、门锁控制器。
2. 开脉冲电流。
3. 晶体管式、电容式、车速感应式。

4. 按键式、拨盘式、电子钥匙式、触摸式、生物特征式。

5. 使起动机无法起动、使发动机无法工作、使发动机电脑处于非工作状态。

**二、判断题**（对下列说法，正确的在后面的括号中划“√”，错误的划“×”）

1. ×　2. √　3. √　4. ×　5. √

**三、简答题**

答：桑塔纳2000Gsi型轿车防盗系统是由带脉冲转发器的汽车钥匙、识读线圈 $D_2$（在点火开关上）、防盗器控制单元 $J_{362}$（装在转向管柱左边支架上）、有可变代码的发动机控制单元 $J_{220}$、防盗器警告灯 $K_{117}$ 等组成。

当点火开关打开时，防盗器开始工作。防盗器控制单元通过读识线圈把能量传送给钥匙中的脉冲转发器。此时，脉冲转发器被激活，通过识读线圈把它的程控代码送给防盗器控制单元。在防盗器控制单元里，输入的程控代码与先前存储的防盗器控制单元的钥匙代码进行比较。然后，防盗器控制单元再核对发动机控制单元的代码是否正确。该代码是由发动机控制单元存储在防盗器控制单元中。每次起动发动机时，控制单元中的随机代码发生器都会发生一个可变的代码。如果核对后，代码不一致，发动机将在起动后2s内熄火。

**四、看图答题**

答：桑塔纳2000Gsi型轿车防盗系统的组成及名称如答案图6-14所示。

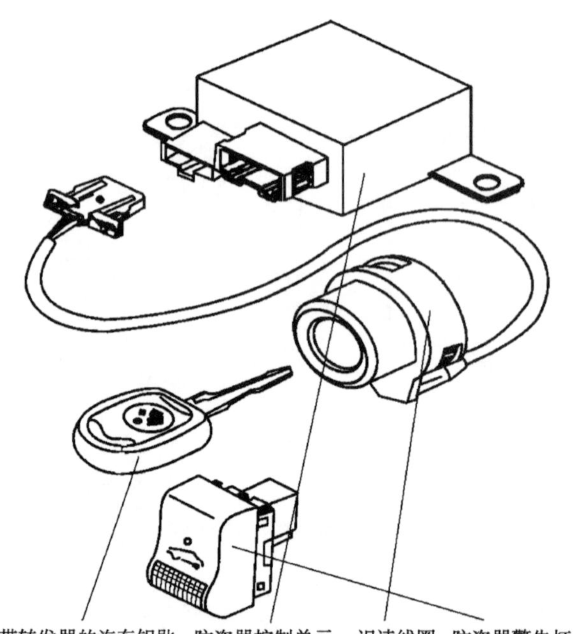


答案图6-14

## 课题七　汽车音响、视频和导航装置

**一、填空题**

1. 天线、无线电接收机、扬声器。

2. 机械系统、信号读取系统、伺服系统、解码、纠错、数/模转换器。

3. AUX 音频输入接口、ipad 接口、USB 接口、SD 卡接口。
4. 导航控制单元、导航光盘、GPS 天线、显示屏。
5. 电脑、外部设备。

**二、选择题**(请将正确答案的序号填写在括号中)

1. B　2. B

**三、判断题**(对下列说法,正确的在后面的括号中划"√",错误的划"×")

1. ×　2. √　3. ×　4. √

**四、简答题**

答:①支持 MP4、DVD、VCD、MP3、CD 播放格式。
②兼容 DVD—R、DVD—RW、CD—R、CD—RW 光盘介质。
③提供 USB/SD 接口/读卡器,广泛支持的储存器。
④超长 45s ESP 电子避振系统。
⑤特大液晶屏 LCD 显示/数码时钟。
⑥高/低音电子控制、加强型输出,加强超重低音。
⑦等响度控制、红外线遥控。
⑧高品质数字式 FM/ AM 调谐器。
⑨大功率场效应管四声道功率放大器 45W ×4。
⑩直入蝶式前置面板。

**五、看图答题**

答:USB 接口连接头名称如答案图 6-15 所示。

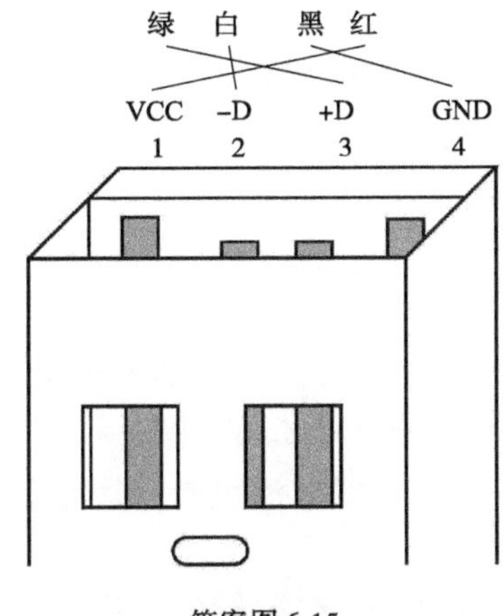


答案图 6-15

## 单元考核试题

**一、填空题**

1. 反射镜、配光镜、带对焦盘的前照灯灯泡。
2. 液压式、气压式、机械式。
3. 报警灯、报警灯开关。
4. 电动机、减速装置、车窗、车窗升降器、开关。

5. 滑动与垂直调节开关、靠背与头枕调节开关、腰部支撑调节开关。

6. 真空式、气动式、电动式。

7. 手动控制、脚踏控制、电机驱动。

8. 门锁开关、门锁执行机构、门锁控制器。

9. 使起动机无法启动、使发动机无法工作、使发动机电脑处于非工作状态。

10. 电脑、外部设备。

**二、判断题**

1. B　2. B　3. D　4. A　5. C　6. A　7. B　8. D　9. C　10. B

**三、选择题**

1. ×　2. √　3. √　4. ×　5. √　6. √　7. ×　8. ×　9. √　10. √

**四、简答题**

1. 答：汽车前照灯照明的基本要求如下：

(1) 应能保证车前明亮而均匀的照明，使驾驶员能看清车前100m内路面上的障碍物，现代高速汽车其照明距离已达到200～400m。

(2) 应能防止炫目，以免夜间两车交会时，使对面来车驾驶员炫目而造成交通事故。

2. 答：调整右外侧后视镜角度时，先将点火开关处于ON位置，再将组合开关M的旋钮旋至R(右)位置，左、右拨动组合开关M的旋钮，可控制电机$V_{33\text{-}1}$电枢电流的方向，带动右外侧后视镜左右摆动；上下拨动组合开关M的旋钮，可控制电机$V_{33\text{-}2}$电枢电流的方向，带动右外侧后视镜上下摆动。

3. 答：为满足汽车新技术、高速度的要求，现代汽车广泛采用了电子显示装置。其优点有：

(1) 电子显示装置能提供大量、复杂的信息；

(2) 能满足小型、轻量化的要求；

(3) 显示图形设计的自由度高；

(4) 具有高精度和高可靠性；

(5) 具有一表多用的功能。

4. 答：根据电路图，当$E_{22}$处于1位(将开关手柄推至最前端)时，刮水电动机V的电路被接通，回路为：蓄电池正极→中间继电器$J_{59}$的触点→熔断丝$S_{11}$→刮水器开关$E_{22}$的第1挡→电刷$B_2$→电枢→电刷$B_3$→搭铁→蓄电池负极。因电动机合成磁场较弱，电动机转速较高。

5. 答：转向灯及危险报警灯电路由闪光器、转向灯开关、报警灯开关、转向灯及转向指示灯等部件组成。转向灯闪烁由闪光器控制电流断续得到，转向信号闪光器与危险报警闪光器可以共用，也可以单独设置。

转向灯的作用是指示汽车的行驶趋向；当接通危险报警灯开关时，前后左右全部转向灯同时闪烁，表示车辆遇紧急情况，请求其他车辆避让。危险报警灯操纵装置不得受点火开关控制。

**五、看图答题**

1. 答：半封闭式前照灯构造及部件名称如答案图6-16所示。

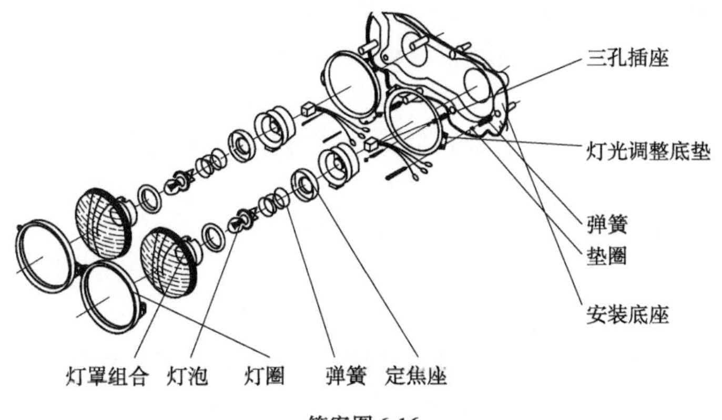


答案图 6-16

2. 答：桑塔纳 2000 系列轿车电动车门玻璃升降器结构名称如答案图 6-17 所示。

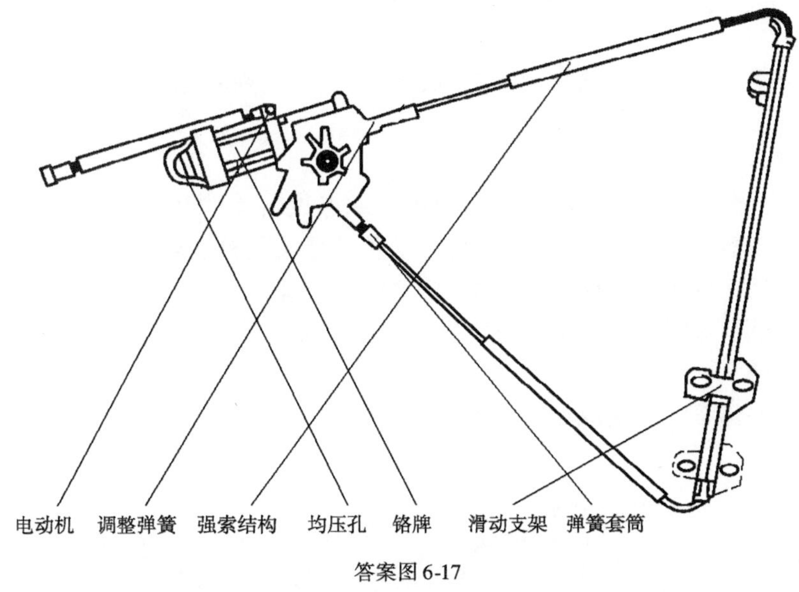


答案图 6-17

# 单元七　汽车空调系统

## 课题一　汽车暖风装置

### 一、填空题

1. 冷却液、冷却液、风扇。
2. 单独暖风机总成、整体式空调器。
3. 燃烧室、汽油、煤油、柴油、热量。
4. 燃烧室、热交换器、燃料供给系统、空气供应系统。

### 二、简答题

1. 答：汽车空调系统的组成及各部分的功能如下：

（1）汽车暖风装置　天气寒冷时向车内提供暖气，以提高车厢内的温度，另外，在冬季或春季，室内外温差较大，风窗玻璃会结霜或起雾，影响驾驶员和乘员的视线，这时可以用热风来除霜或除雾。

（2）汽车制冷装置　在天气较热时，提供冷气，以降低车厢内的温度。

（3）除湿、加湿装置　保持车内湿度适宜。

（4）送风装置　向车内提供新鲜空气和保持适宜气流。

（5）空气净化装置　保持车厢内空气洁净。

2. 答：水暖式加热系统的工作情况是：

从发动机出来的冷却液在温度达到80℃时，节温器开启，让发动机冷却液流到供暖系统的加热器芯，在节温器和加热器芯之间设置了一个热水开关，用来控制热水的流动，冷却液的另一部分流到散热器散热，冷却液在加热器芯散热，用来加热周围的空气，然后再用风扇送到车内，冷却液从加热器芯出来，通过水泵又重新进入发动机的水腔内，冷却发动机完成一次供暖循环。

3. 答：独立热源气暖式加热系统的组成：燃烧室、热交换器、燃料供给系统、空气供应系统等。

其工作过程：

燃料进入燃烧室经雾化装置雾化后，由火花塞点火引燃，产生热量，燃烧室的温度可达800℃。在热交换器中，燃料燃烧所产生的热量通过金属隔板加热空气，加热后的空气先集中至暖气室，然后送到车内。燃烧泵将燃油从油箱中抽取，经过过滤器、吸入管到油泵，送入雾化器后和空气混合燃烧，燃烧室内空气供应由鼓风机完成。

**三、看图答题**

答：水暖式加热系统的构成如答案图7-1所示。

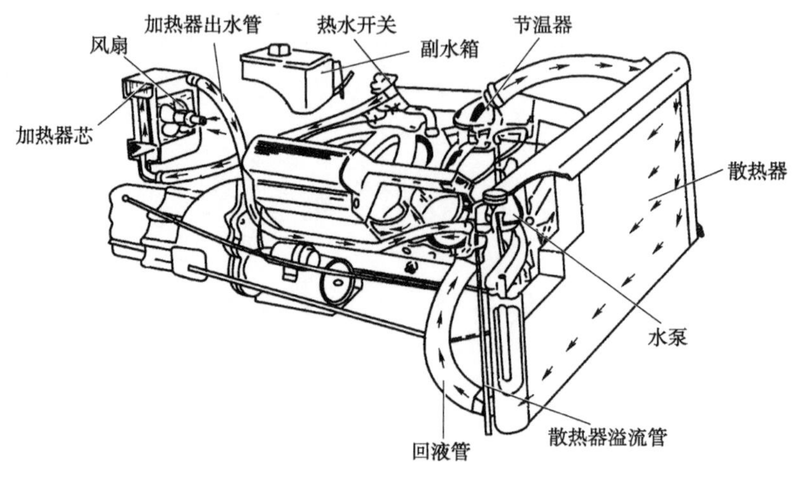


答案图7-1

## 课题二　汽车制冷系统的组成与工作原理

**一、填空题**

1. 压缩机、冷凝器、储液干燥器、膨胀阀、蒸发器。

2. 低压、高压、不断循环。

3. 储存液态制冷剂、吸湿。

4. 喷入的制冷剂量、节流减压、雾状、蒸发器。

**二、判断题**(对下列说法,正确的在后面的括号中划"√",错误的划"×")

1. √　2. ×　3. √　4. ×

**三、简答题**

1. 答:汽车制冷系统是利用制冷剂蒸发时需吸收蒸发潜热的基本原理。制冷剂从液体转变为气体时会吸收热量,该过程是在蒸发器中发生的,蒸发器位于乘客车厢内,其作用是吸走热量,制冷剂从气体转变为液体时需要放出热量,这个过程是在冷凝器中进行的。

2. 答:汽车空调系统一般有观察和触摸感觉两个项目:

(1)观察　主要察看压缩机的两条出入软管。用手去触摸高、低压管有明显温差,正常状态时,低压管较凉,高压管则很烫手。

观看储液干燥器上的示液镜。可看见制冷剂流动的情况。如果在视液镜中经常看见气泡在流动,则说明系统中制冷剂不足,需补充制冷剂。

(2)触摸感觉　用手触摸进气管与排气管的温度,正常状态时,进气管比排气管凉。触摸储液干燥器的进入、排出管道,其温度应一致,用手感受蒸发器冷风机出风情况,有冰凉的感觉,并且风速要足够大。

**四、看图答题**

答:制冷系统制冷剂的流向见答案图7-2。

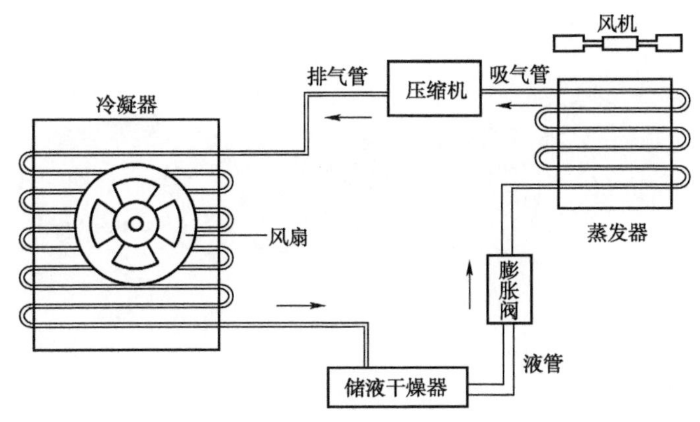


答案图7-2

## 课题三　汽车制冷系统主要部件

### 一、填空题

1. 往复活塞式、摇板式、斜盘式、可变排量式。

2. 管片式、管带式、平流式。

3. 储存液体、吸收水分、过滤脏物、观察制冷剂流动工况。

4. 内、外平衡式膨胀阀，H 型膨胀阀，固定孔径的节流孔管。

5. 控制温度、压力、热敏电阻 。

### 二、判断题（对下列说法，正确的在后面的括号中划“√”，错误的划“×”）

1. √　2. ×　3. √　4. ×　5. √　6. √

### 三、简答题

1. 答：斜盘式压缩机主轴有一斜置的驱动盘，当主轴旋转时，斜盘亦随之旋转，驱动活塞在缸体内往复运动，当它使某个活塞向左运动时，其相对应的活塞就向右运动，由于是双向运动，倘若是 3 个活塞，则起到六缸的作用。

2. 答：内平衡式膨胀阀的工作原理：由储液干燥器流出的高压、液态制冷剂从膨胀阀的进口流入膨胀阀内，通过阀体与阀座的缝隙由出口喷出，进入蒸发器。当蒸发器出口的温度降低时，感温包内饱和蒸气冷却收缩，膜片气室上方的压力减小，膜片向上拱曲，阀杆及阀座在弹簧的作用下向上移动，阀的开度减小，制冷剂的喷射量减小；当蒸发器出口的温度升高时，感温包内的饱和蒸气受热膨胀，膜片向下拱曲，阀杆推动阀座向下移动，使阀的开度增大，制冷剂的喷射量增多，提高了制冷能力。

3. 答：这种膨胀阀安装在蒸发器进气管与回气管之间，使温度传感器直接置于蒸发器出口处制冷剂中，反应快捷，不受环境及感温包位移、接触不实（内、外平衡式膨胀阀的缺点）的影响，有的制造商将恒温器、高低压开关与 H 型膨胀阀装在一起，更显得结构紧凑。

### 四、看图答题

1. 答：桑塔纳 2000GSI 摇板压缩机主要部件构造见答案图 7-3。

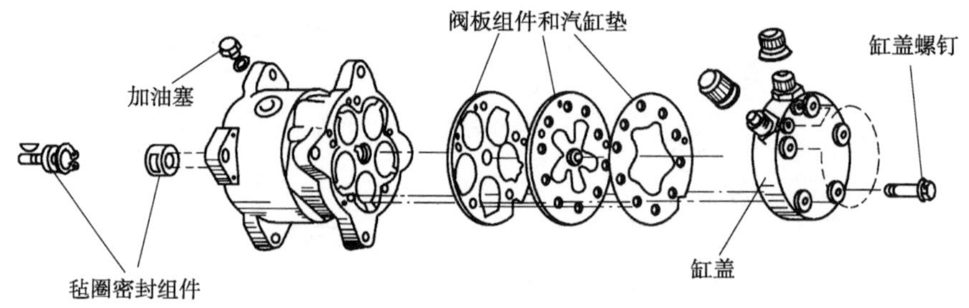


答案图 7-3

2. 答:H 型膨胀阀的外形结构如答案图 7-4 所示。

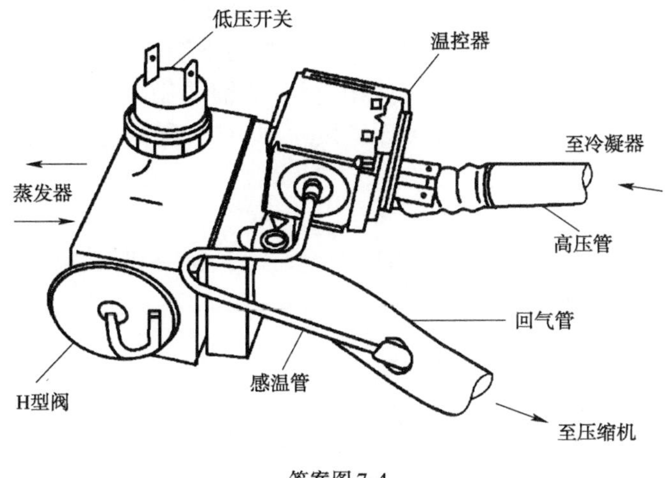


答案图 7-4

## 课题四　汽车空调系统的控制电路

**一、填空题**

1. 电磁线圈、活动铁芯、压缩线圈。

2. 蓄电池、点火开关、熔断丝、继电器、鼓风电动机开关、鼓风电动机、电磁离合器。

3. 电磁离合器、风扇电动机、发动机怠速自动调整装置、安全电路、压力开关电路、温度控制器、继电器、控制开关。

4. 电桥、比较器、真空驱动器。

5. 故障检测、安全保护、工作状况自动显示。

**二、选择题**(请将正确答案的序号填写在括号中)

1. A　2. A　3. A

**三、判断题**(对下列说法,正确的在后面的括号中划"√",错误的划"×")

1. ×　2. ×　3. √　4. ×

**四、简答题**

1. 答:当空调停开时,空调开关已断开,此时,真空电磁阀不通电,阀呈开启状态,进气歧管的真空度使膜片下腔呈负压状态,克服了膜片弹簧压力,而使膜片下移,这样操纵臂和摇臂脱开,节气门保持怠速原来的开度,所以怠速转速不会升高。但当空调运行时,空调开关接通,电磁线圈通电,真空电磁阀切断真空通路,此时与大气相连的通路开启,膜片在弹簧的作用下,向上移动,此时操纵臂压下摇臂,使节气门开度增大,这样怠速转速相应上升,以满足发动机驱动空调装置的需要。

2. 答:其工作过程如下:

(1)点火开关处于断开(置 OFF)位置时,减负荷继电器线圈电路切断,触点张开,空调系统不工作。

(2)点火开关处于起动(置 ST)位置时,减负荷继电器线圈电路切断,触点张开,中断空调系统的工作,以保证发动机起动时,蓄电池维持足够的电能。

(3)点火开关处于接通(置 ON)位置时,减负荷继电器线圈电路接通,触点闭合,空调继电器中的线圈 $J_2$ 通电,接通鼓风机电路,此时可由鼓风机开关进行调速,使鼓风机按要求的转速运转(不同的转速接入的调速电阻个数不同),进行强制通风、换气或送出暖风。

(4)当外界气温高于 10℃时,才允许使用空调,当需要制冷系统工作时,接通空调开关 A/ C,空调开关指示灯亮,表示空调开关已经接通,此时电流经空调开关 A/ C、环境温度开关可接通电路。

**五、看图答题**

答:桑塔纳 2000 轿车空调控制电路当点火开关处于 ON 挡时,减负继电器电路和空调继电器电路电流流向如答案图 7-5 所示。

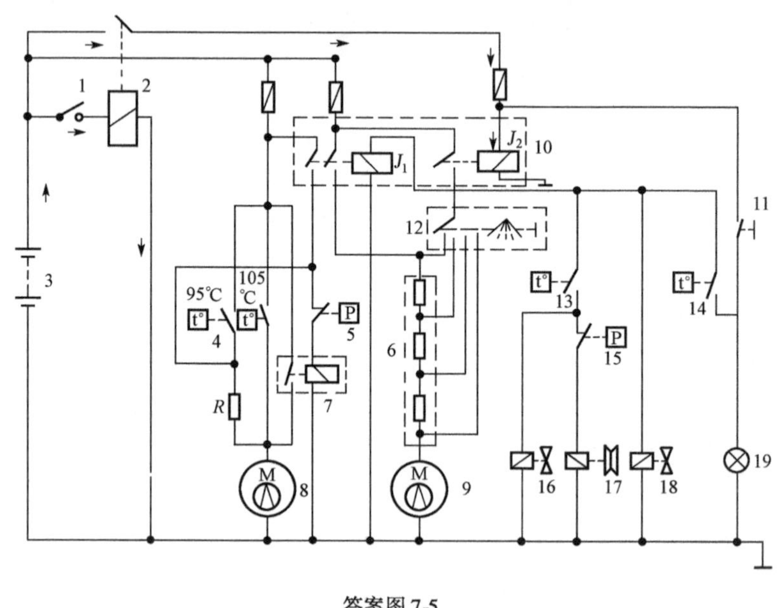


答案图 7-5

## 课题五　汽车空调系统常见故障

**一、填空题**

1. 歧管压力计、检漏仪、制冷剂注入阀、真空泵。
2. 高压侧、低压侧。
3. 压力检漏、真空检漏、充氟检漏、油迹污染法检漏、染料着色法检漏、荧光检漏。
4. 为了排除制冷系统内的空气和水蒸气

**二、简答题**

1. 答:具体方法如下:

(1)把歧管压力计的高、低压软管分别与制冷管路上的高、低压检测接口相连,中间软管与真空泵相连。

(2)打开歧管压力计的手动高、低压阀,启动真空泵,观察低压表,把系统抽真空至 0.1MPa。

(3)关闭歧管压力计的手动高、低压阀,观察歧管压力计,看真空度是否下降,如果真空度下降,说明系统泄漏,应该查找漏点、维修,如果系统无泄漏,应该再打开手动高、低压阀,继续抽真空 30min 以上。

(4)关闭歧管压力计的手动高、低压阀。

(5)关闭真空泵,先关手动高、低压阀,后关真空泵可以防止空气和水汽进入系统。

2. 答:从高压侧充注制冷剂的方法是:

(1)发动机处于熄火状态,检查泄漏、抽完真空后,关闭手动高、低压阀。

(2)把中间软管与制冷剂罐注入阀的接头接好,打开制冷剂罐注入阀,拧开歧管压力表中间软管一端的螺母,让气体溢出几秒钟,把空气赶走,然后再拧紧螺母。

(3)拧开高压侧手动阀,把制冷剂罐倒立,液态制冷剂从高压侧进入制冷回路,此时从储液干燥器观察窗能看到制冷剂的流动。

(4)当此小型制冷剂罐充注完毕后,关闭高压手阀,再更换另一罐,这时中间软管还要放出空气,直到加入规定量的制冷剂后,关闭制冷剂罐注入阀,关闭歧管压力表的手动高压阀。

(5)起动发动机,打开空调,让鼓风机以高速运转,观察压力表压力是否正常。

(6)达到标准后,拆下歧管压力表。

3. 答:如果系统内有空气,一般都是在充加制冷剂的过程中没有抽真空,或者是抽真空时不能彻底。制冷系统内有空气的表现是排气压力、吸气压力都相应提高。在视液镜处能够观察到雾状泡沫。这时只能重新抽真空、充注制冷剂。

4. 答:(1)送风机不运行　检查点火电源电路,空调控制电路,继电器控制电路,风机电路,传感器电路,微电脑控制器。

(2)风量不足　检查风机电机电路,风机叶片变形、损坏,风机电机故障。

(3)送风机无控制　检查点火电源电路,功率晶体管电路,继电器控制电路,采暖主继电器电路,送风机电机电路,传感器电路,微电脑控制器。

(4)无进风控制　检查进气门位置传感器电路,进气门伺服电机电路,微电脑控制器。

**三、看图答题**

歧管压力计结构如答案图 7-6 所示。

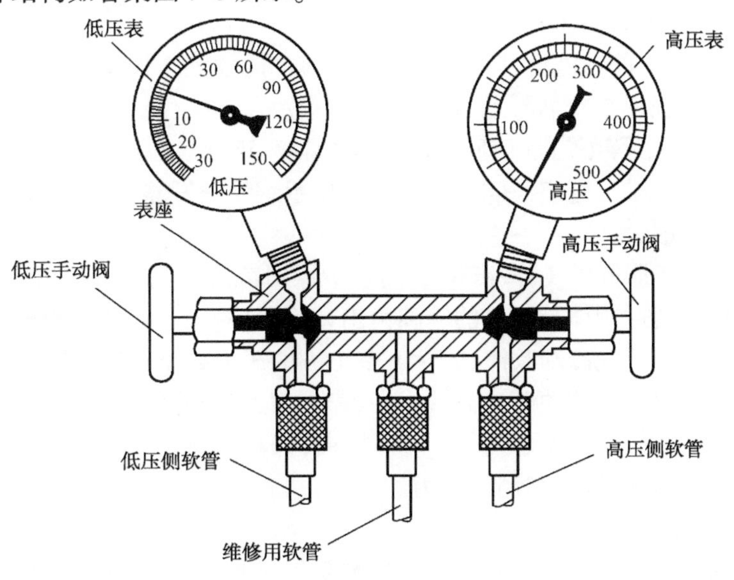


答案图 7-6

## 单元考核试题

**一、填空题**

1. 压缩机、冷凝器、储液干燥器、膨胀阀、蒸发器。

2. 低压、高压、不断循环。

3. 往复活塞式、摇板式、斜盘式、可变排量式。

4. 内、外平衡式膨胀阀，H 型膨胀阀，固定孔径的节流孔管。

5. 储存液体、吸收水分、过滤脏物、观察制冷剂流动工况。

6. 电磁离合器、风扇电动机、发动机怠速自动调整装置、安全电路、压力开关电路、温度控制器、继电器、控制开关。

7. 电磁线圈、活动铁芯、压缩线圈。

8. 歧管压力计、检漏仪、制冷剂注入阀、真空泵。

9. 压力检漏、真空检漏、充氟检漏、油迹污染法检漏、染料着色法检漏、荧光检漏。

**二、判断题**（对下列说法，正确的在后面的括号中划"√"，错误的划"×"）

1. √　2. ×　3. √　4. √ 5. √　6. √　7. √　8. ×　9. ×　10. ×

**三、简答题**

1. 答：(1)汽车暖风装置。天气寒冷时向车内提供暖气，以提高车厢内的温度，另外，在冬季，或春季，室内外温差较大，风窗玻璃会结霜或起雾，影响驾驶员和乘员的视线，这时可以用热风来除霜或除雾。

(2)汽车制冷装置。在天气较热时，提供冷气，以降低车厢内的温度。

(3)除湿、加湿装置。保持车内湿度适宜。

(4)送风装置。向车内提供新鲜空气和保持适宜气流。

(5)空气净化装置。保持车厢内空气洁净。

2. 答：(1)观察。主要察看压缩机的两条出入软管。用手去触摸高、低压管有明显温差，正常状态时，低压管较凉，高压管则很烫手。

观看储液干燥器上的示液镜。可看见制冷剂流动的情况。如果在视液镜中经常看见气泡在流动，则说明系统中制冷剂不足，需补充制冷剂。

(2)触摸感觉。用手触摸进气管与排气管的温度，正常状态时，进气管比排气管凉。触摸储液干燥器的进入、排出管道，其温度应一致，用手感受蒸发器冷风机出风情况，有冰凉的感觉，并且风速要足够大。

3. 答：内平衡式膨胀阀的工作原理：由储液干燥器流出的高压、液态制冷剂从膨胀阀的进口流入膨胀阀内，通过阀体与阀座的缝隙由出口喷出，进入蒸发器。当蒸发器出口的温度降低时，感温包内饱和蒸气冷却收缩，膜片气室上方的压力减小，膜片向上拱曲，阀杆及阀座在弹簧的作用下向上移动，阀的开度减小，制冷剂的喷射量减小；当蒸发器出口的温度升高时，感温包内的饱和蒸气受热膨胀，膜片向下拱曲，阀杆推动阀座向下移动，使阀的开度增大，制冷剂的喷射量增多，提高了制冷能力。

4. 答：其工作过程如下：

(1)点火开关处于断开(置 OFF)位置时，减负荷继电器线圈电路切断，触点张开，空调系统不工作。

(2)点火开关处于起动(置ST)位置时,减负荷继电器线圈电路切断,触点张开,中断空调系统的工作,以保证发动机起动时,蓄电池维持足够的电能。

(3)点火开关处于接通(置ON)位置时,减负荷继电器线圈电路接通,触点闭合,空调继电器中的线圈J2通电,接通鼓风机电路,此时可由鼓风机开关进行调速。

(4)当外界气温高于10℃时,才允许使用空调,当需要制冷系统工作时,接通空调开关A/C,空调开关指示灯亮,表示空调开关已经接通,此时电流经空调开关A/C、环境温度开关可接通空调电路。

5.答:从高压侧充注制冷剂:

(1)发动机处于熄火状态,检查泄漏、抽完真空后,关闭手动高、低压阀。

(2)把中间软管与制冷剂罐注入阀的接头接好,打开制冷剂罐注入阀,拧开歧管压力表中间软管一端的螺母,让气体溢出几秒钟,把空气赶走,然后再拧紧螺母。

(3)拧开高压侧手动阀,把制冷剂罐倒立,液态制冷剂从高压侧进入制冷回路,此时从储液干燥器观察窗能看到制冷剂的流动。

(4)当此小型制冷剂罐充注完毕后,关闭高压手阀,再更换另一罐,这时中间软管还要放出空气,直到加入规定量的制冷剂后,关闭制冷剂罐注入阀,关闭歧管压力表的手动高压阀。

(5)起动发动机,打开空调,让鼓风机以高速运转,观察压力表压力是否正常。

(6)达到标准后,拆下歧管压力表。

**四、看图答题**

1.答:制冷系制冷剂循环流向如答案图7-7所示。

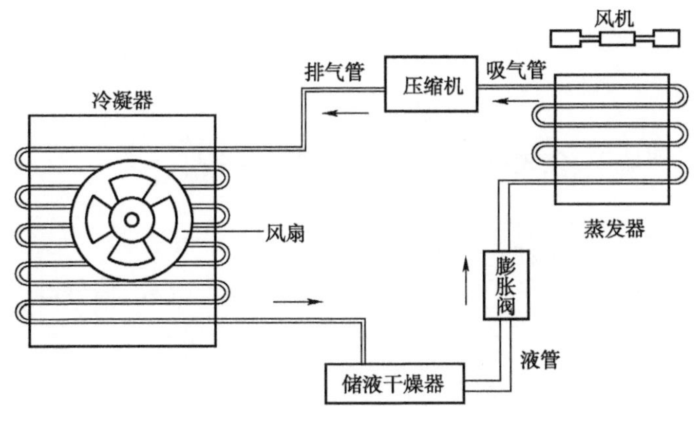


答案图7-7

2. 答：歧管压力计结构见答案图 7-8。

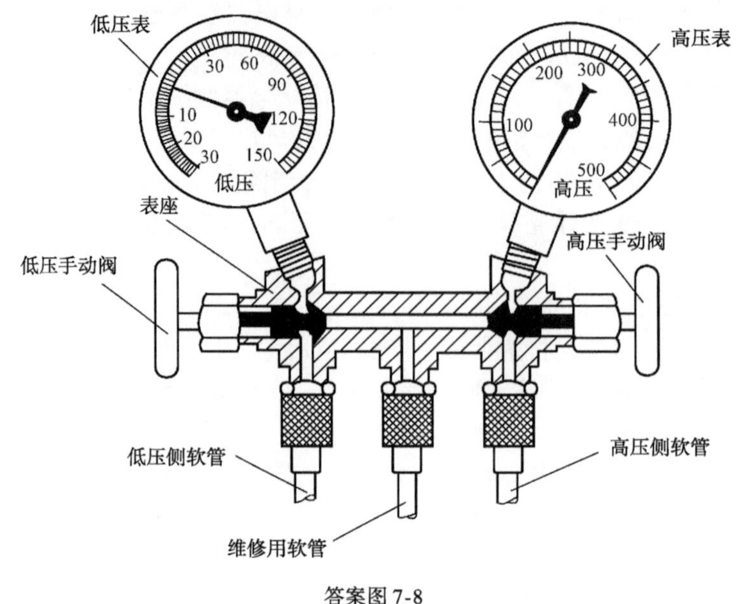


答案图 7-8

# 单元八 汽车总线路

## 课题一 汽车线路常用部件及选用

**填空题**

1. 工作电流、0.5。
2. 1.0、绿、黄。
3. 铜心、阻尼。
4. 插接器、发动机罩下、仪表板转向盘开关、底盘后车灯。
5. 插头、插座。
6. 闭锁装置、压下闭锁、拉开。
7. 起动机、发电机励磁、收录机、空调、刮水器、点烟器、仪表、信号灯。
8. 功能、电路控制。
9. 过载或短路、断开、重复、一次。

## 课题二 典型汽车线路图的识读及全车线路

**一、填空题**

1. 接线图、线路图、电路原理图、线束图。
2. 电源、起动、点火、照明、信号。

**二、简答题**

1. 答：所谓回路原则是指，任何一个完整的电路要完成其特定的功能都是由电源、开关、用电器、导线等组成。电流必定是从电源正极出发,经过熔断器、开关和导线到达用电器,再经导线(或搭铁)回到同一电源的负极,才能构成回路。

2. 答:所谓“部分电路分析法”,就是先将复杂的总线路按功能或要求目标分成几个简单的部分电路,然后对各部分进行作用、特点、原理等方面的分析,搞清各部分电路的情况,最后将各个部分电路综合起来,总线路的工作原理也就清楚了。